教師を目指す人のための

カウンセリング・マインド

前林清和 編
Kiyokazu Maebayashi

昭和堂

まえがき

　科学技術が発達し、いくらコンピューターやロボットが高性能になろうとも、「教育は人なり」といわれるように、教育は人間が人間に対して行う。したがって、教育において最も重要視されるのは、カリキュラムや教材以上に教師の資質である。

　教師の本来的な仕事は授業を中心とした教科指導であり、人間の英知を次世代に伝えることである。そして、その情報をもとに子どもたちが考えたり、応用したり、創造したりする能力を高めていくためにサポートすることである。ただ、それだけではなく学級経営や部活動、生徒指導、進路指導など教科指導を超えて、子どもたちを丸ごと面倒みなければならない。しかも、子どもたち全員が同じ能力、意欲を持っているわけでなく、同じ家庭環境や学習環境、人間関係でもない。まして、心理状態は同じ子どもでも日によって違う。

　他方、現代社会は人々の価値観が多様化し、社会のシステムも複雑化している。そのような中、子どもたちは悩み、戸惑い、不安にさいなまれながらストレスフルな状態で生きている。その社会を反映するかのように学校現場でも、「いじめ」、「不登校」、「非行」などが多発している。

　このような現状において、教師は紋切り型の教育や一方的に管理するやり方、あるいは生徒と友達関係のような態度では何も解決しない。生徒に対して全体としては毅然とした冷静な対応を取りつつ、生徒一人一人に対しては親身になって対応することが求められる。

　その際に必要となるのがカウンセリング・マインドである。つまり、教師は、専門家としての教師としての資質や情熱だけではなく、人間の内側のこと、人間関係のことについての知識やそれに基づいた技術、対応能力を持ち合わせ子どもと接していくことが重要なのだ。そして、一人一人の子どもの心に共感し寄り添い、子どもが自分の可能性を伸ばしつつ自立する人間へと成長できるように導いていかなければならないのである。

このような観点から教師をめざす若者が教育カウンセリングの基本を身に着けるとともに、逆に教師が専門的なカウンセリングを行ってはいけないということを理解してもらうために企画した。

　なお、本書は昨年出版した『カウンセリングマインドによる教育』（トゥエンティワン）に執筆者全員が訂正、加筆し、読者がカウンセリングの基礎を、より理解しやすいようにしたものである。

　将来、読者のみなさんがカウンセリング・マインドを身につけ、子どもの心の痛みのわかる教師として活躍されることを期待してやまない。

2016年2月

前林　清和

教師を目指す人のためのカウンセリング・マインド　目次

まえがき ································· i

第1章　カウンセリング・マインドの必要性 ······· 1
第1節　カウンセリング・マインドとは　　　1
第2節　教師とカウンセリング・マインド　　　4
第3節　スクールカウンセラーとその業務　　　9

第2章　人間と悩み ······························· 17
第1節　人間とは　　　17
第2節　記憶と死　　　22
第3節　悩み　　　26
第4節　心と身体　　　29

第3章　学校の現状と問題 ······················· 37
第1節　学校と生徒の心　　　37
第2節　いじめ　　　44
第3節　不登校　　　55
第4節　非行と予防　　　64

第4章　障害を持つ生徒と学校 ··················· 77
第1節　発達障害について　　　78
第2節　自閉症スペクトラム障害　　　81
第3節　学習障害　　　86
第4節　ADHD（注意欠損多動性障害）　　　89
第5節　実際に支援を行うにあたって　　　93

第5章　学校と家庭 ··· 99

第1節　生徒の基盤にある家庭　　99

第2節　"3"「父－母－子」から見えてくる家庭と学校の関係性

101

第3節　不適切な養育環境　　104

第4節　社会的養護　　110

第5節　子どもの貧困　　111

第6節　まとめ　　112

第6章　心理カウンセリングの基礎 ····································· 115

第1節　心理カウンセリングとは　　115

第2節　枠と守秘義務　　119

第3節　転移・逆転移　　125

第4節　言語的技法　　126

第5節　非言語的技法　　132

第7章　介護等体験実習の意義 ··· 143

第1節　介護等体験実習とは　　143

第2節　特別支援学校　　144

第3節　社会福祉施設　　146

第4節　介護体験実習の履修　　148

第5節　介護等体験実習の評価　　150

第6節　教職を志す学生のためのボランティア活動　　151

第1章

カウンセリング・マインドの必要性

第1節　カウンセリング・マインドとは

1　導入〜友人からの相談

「大学を卒業したら、海外でボランティア活動をする」と突然友人に打ち明けられたあなた。何を感じ、どう反応するだろうか。"前からボランティア活動には熱心だったけど、そこまで考えてたんだ、すごいな"と思う場合もあれば、"本気で？　この前まで就活って言ってたのに…それって現実逃避じゃないの？"と感じる場合もあるだろう。しかし、何を感じたとしても、あなたは、その通りのことをすぐ相手に伝えようとは思わないかも知れない。それで、あなたが「へぇ、そんなこと考えてたんだ。全然気づかなかった」とだけ答えると、友人は「実はまだ迷ってて…」と話し始めるかも知れない。

　なぜ、あなたは、素直な感想を正直に友人に伝えようと思わなかったのだろうか。本書の主要なテーマである「カウンセリング・マインド」は、このような何気ない関わりのなかにも反映されているが、専門的な知識を習得することにより、さまざまな対人関係場面に生かすことができると考えられている心構えの一つのあり方を表すものである。

2　カウンセリング・マインドとは

　「カウンセリングマインド」(counseling-mind) は和製英語で、心理学用語として定着するほど充分に明確化された概念ではないが、「あたたかい信頼関係に満ちた人間関係をつくる姿勢・態度・心構え」(『カウンセリング大事典』p. 115) を表し、心理臨床のみならず、「教育・医療・

社会福祉などの現場を中心に広く使われて」（p. 116）いる。

　前項の例に戻ってみよう。あなたが、率直な反応を友人に伝えなかった理由が、友人との信頼関係を保つため、つまり、友人の考えを尊重し、まずはそれに興味を示し聞こうとする姿勢を示すためであったならば、それはカウンセリング・マインドに基づく対応といえるだろう。

　それでは、カウンセリング・マインドとは、実際にどのような姿勢や態度や心構えを示すことをいうのだろうか。アメリカの心理学者 E. ポーター（1950）は、カウンセラーの基本的な態度を、以下に挙げる5つに類型化した。①「評価的態度」（evaluative attitude）は、クライエントの考えや行動について、カウンセラーがその正否や善悪の評価を下すようなふるまいや態度を表すもので、クライエントの「すべきこと」に対する何らかのメタ・メッセージ[(2)]を含む。②「解釈的態度」（interpretative attitude）は、クライエントに関する、より深い（無意識的な）水準の理解を示すようなカウンセラーのふるまいや態度を表すもので、クライエントの「考えるべきこと」に対する何らかのメタ・メッセージを含む。③「支持的態度」（supportive attitude）は、クライエントに安心・安全の保証を与えることにより不安を和らげようとするカウンセラーのふるまいや態度を表すもので、クライエントの感じていることに対する否定的なメタ・メッセージ（そのように感じる必要はない）を含む。④「探索的態度」（probing attitude）は、クライエント自身やクライエントが抱える課題について、より深く知ろうとするカウンセラーのふるまいや態度を表すもので、クライエントの自己開示[(3)]を促すメタ・メッセージを含む。⑤「理解的態度」（understanding attitude）は、クライエントの伝達しようとしている内容やそれに付随する情緒・価値観、それらに含まれる意味を正しく理解していることを示そうとするカウンセラーのふるまいや態度を表す。

　5つの態度類型は、いずれも実際にカウンセラーがおこなっていることであり、また、カウンセラーに求められる態度でもある。従って、どれが良い・悪いと優劣をつけられるようなものではない。留意すべきは、カウンセリングが、クライエント・カウンセラー間の対人交流、あるい

は相互作用の過程であり、カウンセラーが示す態度やふるまいをクライエントがどう体験するかは、両者の関係性により決定されるところが大きいという点である。例えば、クライエントにとって、現実に直面し内省を深める作業は苦痛を伴うものであり、そういった作業を可能にするカウンセラーの理解力を悪いものと感じるようになる場合がある。このように、対象のもつ良い特性に攻撃を向け破壊しようとするこころのはたらきを「羨望」(envy)[4]というが、クライエント・カウンセラー関係に羨望がはたらいている場合、カウンセラーが「理解的態度」を示したつもりでも、クライエントは「そんなことは既に気づいていた」とか「まったくの見当外れだ」などと反応するかも知れない。クライエントは意図的にそうしているわけではないが、無意識的な目的はカウンセラーの理解する能力を破壊することである。クライエントのふるまいを受け、カウンセラーもまた感情的に反応し、無力感に苛まれたり、クライエントに対して怒りを感じるようになるかも知れない。このようにして、実際にカウンセラーは理解的能力を示すことができなくなる場合がある。

　カウンセリング・マインドについても、まったく同様のことが起こり得る。そういう意味で、カウンセリング・マインドは一方的に相手に示すことができるというものではない。自身の態度やふるまいが、相手にはどのように受け取られているのか、あるいは、相手が示す態度やふるまいに対して自身がどう反応しているか、常に振り返る姿勢が求められる。

　次節では、5つの態度類型を、教師と生徒との関係に当てはめて考えてみよう。

第2節　教師とカウンセリング・マインド

1　教育の目的

　教育の目的は、時代が変わっても変わることのない普遍的なものである。「教育基本法」第一条には「人格の完成を目指し、平和で民主的な国家及び社会の形成者として必要な資質を備えた心身ともに健康な国民の育成」と教育の目的が明記されている。本法は1947年に制定され、2006年に大幅な改訂が行われたが、第一条はほとんど変更されていない。この第一条は、個と集団（社会）の双方に言及している。つまり、教育とは、個々人の自己実現に至る成長、および社会に必要な人材育成の両方を担っているのである。個々人の望みと社会が求める人材とは必ずしも一致するわけではないため、その調整を図っていくことは教育の普遍的課題といえる。

2　教育の目的からみた生徒指導

　教育の目的が普遍的なものだとしても、個々人が目指す自己実現のあり方や社会が求める人材の内容は変化しており、それに伴い、教育の目的を達成する手段にも変遷がみられる。

　学校という組織の運営に必要な業務分担は「校務分掌」と呼ばれ、学校ごとに細かく定められている（図1-2-1を参照）。カウンセリング・マインドは、校務分掌のなかでは特に「教育相談」の領域で重視されている。教育相談は多くの場合「生徒指導」の下位部門に配置されているが、これらの分掌もまた、教育の目的をどう達成していくのかについての歴史的変遷のなかから生じ発展してきたものである。

　公教育の始まりとされる1872年以来、生徒指導は、学校という集団状況に子どもを適応させるための指導という位置づけで行われてきた（春田，1978）。他に、生徒監督・生徒取締・風紀監督等の呼称が用いられていたが、何れも指導的要素の強さをうかがわせるものである。教師は子どもに模範を示すことを求められ、そのなかでいわゆる「聖職として

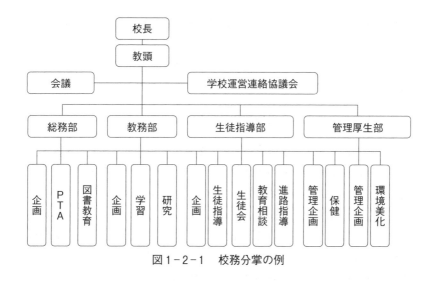

図1-2-1　校務分掌の例

の教師像」（鋤崎, 2006）が強化されていったと考えられる。

　1920年代に入ると、大正デモクラシーの影響などを受け、子どもの自主性を尊重する教育論を主張・実践する教員や教育団体が現れ始めた。また、終戦後教育の民主化がさらに進み、特に、アメリカから「ガイダンス」という概念が導入されたことにより、生徒指導は、個人中心・生徒中心主義的なものへと傾いていった。このような「カウンセリング機能を強調した生徒指導」（鋤崎, 2006）は、戦後の混乱期にあった学校教育の現場には適用しにくい側面も多くあった。貧困のなかで非行にはしる子どもや、そういった子どもを含む学級・学校運営は、個別性を認めるだけでは成り立たなかったのである。

　しかし、一方で、カウンセリング偏重志向はますます強化されていった。生徒指導は、「それぞれの内在的価値をもった個人の自己実現を助ける過程」（文部省, 1965; p. 11）と定義され、その充実が推奨された。こうして、生徒指導は校務分掌のなかに定着していった。当時、生徒指導担当教員には、カウンセラーの役割をも果たすことが期待され、「中学校カウンセラー養成講座」等の研修が盛んに行われていた。それでは、カウンセラーとしての機能をも果たすことのできる教師、つまりカウン

セリング・マインドの資質を有する教師の対応とはどのようなものなの
だろうか。

　次項では、このことについて、E．ポーターの態度類型に当てはめ考
えてみよう。

3　生徒指導におけるカウンセリング・マインド

　あなたは、6年生の学級を担当する公立小学校教員である、と仮定し
てみよう。あなたの学級の生徒であるA子さんは、私立中学校の受験を
目指し、4年生の時から塾に通っている。最近A子さんの元気がない様
子が気にかかってはいたが、受験が近づいているせいだろうと思い特別
声をかけてはいなかった。そんなある日、A子さんから「塾をやめたい。
中学受験もやめて公立中学校に行きたい」と相談を受けた。受験をする
ものと思い込んでいる両親や塾の先生には言い出せないまま、悩んだ末
に思い切って担任のあなたに相談をしたのである。あなたは、A子さん
にどのような対応をするだろう。前項で紹介したE．ポーターによる5
つの態度類型に即した対応例を表1-2-1にまとめた。あなたの対応は、
どの態度類型に当てはまるだろうか。

　前項でも触れたとおり、これら5つの態度類型やそれに基づく対応は、

表1-2-1　E．ポーターの態度類型別にみた教師の対応例

態度類型	教師の思い	声かけの例
評価的態度	何らかの方向性が示されることを望んでいるのではないか	よく相談してくれたね、どうすればいいか一緒に考えよう
解釈的態度	周囲の期待に応えるために自己主張や自己表現を抑制してきたのではないか	自分の思いを言葉にすることは大切なことだと思うよ
支持的態度	周囲に対し罪悪感を抱き苦しんでいるのではないか	迷うことは悪いことではないと思うよ
探索的態度	まずは詳しく話を聞き情報を集めたい	何があったのか詳しく聞かせてもらえる？
理解的態度	一人で悩みを抱え辛かっただろう	誰にも相談できずに辛い気持ちを抱えていたんだね

カウンセラーの場合と同様、時と場合によってはいずれも教師の対応として適切なものになり得るだろう。相談者が求める対応、あるいは真の相談理由は、必ずしも相談者本人に明確に意識されているとは限らない。しかし、だからこそ、子どもがどのような対応や関わりを求めているのかを整理し、教師自身が対応する際の傾向、あるいは「癖」を知っておくことは、教師の仕事に役立つのではないだろうか。

　「話を聞いてもらう」ことが相談の目的である場合、支持的態度や探索的態度は歓迎されるだろうが、評価的態度は「聞く気がない」とか「拒絶されている」と受け取られるかも知れない。「助言をもらう」ことが相談の目的であれば、相談者の求めているのは評価的態度のみであって、その他の対応は「話は聞いてくれるけど答えをくれない」と感じられるかも知れない。このことは、相談者をその場で満足させることが最適の対応とは限らないことを示している。悩みを抱えられない子どもが、助言を求め解決を急ごうとしているならば、その要請や圧力に屈して助言を与えること（評価的態度）は、「この悩みは自分には抱えきれない」という子どもの信念を教師が支持・強化することになってしまうためである。「誰にも分かってもらえない」と証明することが相談の無意識的な目的であるならば、５態度類型のどれをもってしても相談者には受け入れられないだろう。しかし、なぜ子どもがそのようにふるまわなければならないのかを、解釈的態度、例えば「理解してほしい気持ちと、理解してもらえるはずがないという気持ちの両方があるんだね」等と伝え理解を示すことが、何らかの進展をもたらすかも知れない。あるいは、あらゆる働きかけを拒絶することにより「分かってもらえない辛さ」という子どもの体験を教師が体験し持ちこたえることが求められ試されているのかも知れない。それが真の相談理由という場合もあるだろう。

4　生徒指導から教育相談へ

　前項まで、生徒指導においてカウンセリングが重視されるに至った歴史的背景について述べてきた。それが本来の生徒指導と相容れない要素をはらむものであったことから、生徒指導におけるカウンセリング的業

務は教育相談という分掌が担うようになっていった。教育相談という概念は1960年代には既に存在していたが、生徒指導との棲み分けが行われ始めたのは1980年代後半からのようである。なお、「教育職員免許法」の必須科目には、1988年に「生徒指導」、1990年に「教育相談」がそれぞれ加えられている。

　生徒指導と教育相談との相違点に関して、文部科学省（2010）は、前者を「一人一人の児童生徒の人格を尊重し、個性の伸長を図りながら、社会的資質や行動力を高めることを目指して行われる教育活動」（p. 1）、後者を「児童生徒それぞれの発達に即して、好ましい人間関係を育て、生活によく適応させ、自己理解を深めさせ、人格の成長への援助を図るもの」（p.99）であるとしている。要するに、両者は最終的な目的を「個の変容」におきながらも、個への直接的介入を中心とする教育相談に対して、生徒指導は集団にはたらきかけることを通して目的を達成するという違いがあるということになる。生徒指導担当教師の、厳しく怖いという一般的に抱かれがちな印象は、集団中心的な接近法の一側面であるといえる。近年では、不登校やいじめなど、教育課題の多様化に伴い、教育相談がより重視される傾向にある。

　しかし、生徒指導と教育相談の棲み分けがなされるのに並行して、教育相談内部の課題が顕在化してきた。それは、担当者による対応の違いや、担当者が相談内容を抱え込んでしまうために生じる、誤解や一貫性のなさと関連していると考えられ（文部科学省，2010; p. 7）、役割分担と情報共有の重要性が指摘されるようになっていった。

　役割分担・情報共有など、教育職に限らずチームで臨む仕事には必須のことと思われるかも知れない。しかし、チームで目的を共有しその達成に向けて協同することは、容易なことではない。精神分析的観点に基づく集団論を提唱したW.R. ビオン（1961/2016）によれば、あらゆる集団は目的を共有しているが、常にそれが意識されているとは限らない。また、その遂行のためには、彼が「作動グループ」（work group）と名づけた集団における意識（現実）的側面が優勢となっている必要があるが、作動グループ活動は、同じく無意識（幻想）的側面である「基底的

想定グループ」（basic assumption group）により阻害されることがある。

　担任・養護・生徒指導・教育相談と、複数の教師が一人の子どもに関わるなかで生じる、いわゆる「抱え込み」や「丸投げ」といった課題は以前から指摘されている。前掲の素材について考えてみよう。塾通いをやめて公立中学校に進学したいとA子さんは訴えており、彼女にとって何が最善なのか、正解は誰にも分からない。このような場面において、担任や進路指導担当の教員は、中学受験を乗り越えることが、養護教諭や教育相談担当の教員は、両親を説得し自身の意志を貫くことが、それぞれA子さんの成長にとって重要だと考え、両者の考えが対立するということが起きる場合がある。このような対立の構図は、意識の水準では両者がともに子どもにとって何が最善であるかを考えた結果であるが、無意識的な水準では、基底的想定グループの影響により対立そのものが目的化し、集団が現実的な課題を遂行することを回避している可能性もある。

　集団が外部から専門家を招くことも、目的達成に向けての有効な手段となる場合（作動グループが優勢）もあれば、寧ろ集団が変化することへの防衛となる場合（基底的想定グループが優勢）もある。実際、教育現場では、徐々に、教師がカウンセラーでもあることを目指すのではなく、カウンセリングの専門家を学校に配置することが検討され、スクールカウンセラー制度が導入されるに至った。

第3節　スクールカウンセラーとその業務

1　スクールカウンセラー配置事業

　臨床心理学的な知見を、教育相談に、ひいては学校運営全体に生かすことを期待して、1995年度より、公立中学校を中心に、臨床心理士などの資格をもつ心理臨床の専門家が「スクールカウンセラー」（以下、SC）として配置され、教育相談業務に加わるようになった。「すべての子どもがスクールカウンセラーに相談できる機会を設けていくことが望ましい」（中央教育審議会，1998）との提言を実現すべく、配置校は年々

拡大され、2007年度には約1万校の公立中学校全校配置が実現し現在に至る。配置といっても、SCが常駐している学校は多くはない。公立は原則すべて、私立でもほとんどの学校において、SCは非常勤雇用であり、少ない場合は週1回4時間程度、多くても週2回8時間程度の勤務形態をとっている。多くのSCが、複数の学校や、医療・福祉等他領域での心理職を兼務しているのが現状である。

　SCの資格要件は地域や学校により多少異なるが、多くは、臨床心理士、精神科医等、臨床心理学に関する高度の専門性を有する者とされている。なお、SCというのは、学校で活動しているカウンセラーの呼称であり、SCという資格があるわけではない。

2　スクールカウンセラーの業務内容

　SC制度が導入されてから20年以上が経過し、その間SCの業務は徐々に拡大してきた。以下に挙げる主要なSCの業務（教育相談等に関する調査研究協力者会議，2007）からも、それが多岐にわたるものであることが分かるだろう。

1）面接相談（カウンセリング）

　カウンセラーの仕事というと、この「面接相談」に直結した印象を持たれる場合が多いのではないだろうか。SCがおこなう面接相談の対象には、児童・生徒、保護者、教職員のすべてが含まれる。つまり、SCは、配置された学校集団の全成員に対し、必要に応じて個別のカウンセリングをおこなっている。導入当初は、SCも学校側も他の活用の仕方がよく分からなかったために、個別の面接相談が中心的な業務となっている場合が多かったようである。SCには、「相談室」などの一室があてがわれ、多くは事前の予約通りに訪れる来談者と、一人当たり1時間程度の面接をおこなう。確かに、臨床心理士がそれまでに慣れ親しんでいる環境と職務内容である。しかし、このような働き方では、SCは勤務時間のほとんどを相談室で過ごすこととなり、他の教員と関わる機会を持ち辛く、そのことが、外部からの異物に対する不安や警戒心を刺激し、SCは密室で情報を抱え込んでいるといった拒絶反応を生じたり、何よ

り限られた時間のなかで関わることのできるケースがごく一部に限られてしまうという問題が起きていた。

2）面接相談（コンサルテーション）

　カウンセリングに比べ、「コンサルテーション」という用語には馴染みが薄いかも知れない。しかし、限られた SC の勤務時間を有効に活用するためには、カウンセリングよりもコンサルテーションを重視すべきと考えられている。

　支援を必要とする子どもに関わっているのは、当然のことながら SC だけではない。学校ではむしろ、ほとんどのケースで SC よりも教師の方が子どもと関わる機会を多くもっている。教師を恐れたり嫌ったりして SC 以外とは会おうとしない不登校の子どももいるが、だからといって担任教師にできることが何もないというわけではない。反対に、「病気扱いされたくない」といった理由で SC との面談に抵抗を示す子どももいるが、そういう場合であっても SC にできる支援はある。

　コンサルテーションとは、クライエント（学校の場合は、児童・生徒）に関わる者（コンサルティ、例えば保護者や担任教師）が、自身とは異なる領域の専門家（コンサルタント、ここでは SC）の助力を得て、協力してクライエントの抱える課題の解決を目指すプロセスのことをいう。また、コンサルティが、コンサルテーションにより習得した知識や技術を他のケースに応用できることも期待されている。このように、コンサルテーションによって教師の教育相談能力を高められるならば、SC は直接関わることのできないケースに対しても間接的に貢献することができるのである。

3）協議（カンファレンス）

　すべての子どもは、多くの社会的資源に支えられながら成長している。例えば、虐待が疑われている子どもとその保護者への対応を考える場合、学校からは、担任、教育相談担当、養護教諭、SC、管理職が、そして、地域からは「児童家庭支援センター」の担当者、医療関係者、民生委員など、対象となる子どもや保護者にそれぞれの立場から支援的関わりのできる関係者が集まり、情報や方向性を共有し、役割分担を明確にする

ための話し合いをおこなう。このような支援のあり方や場のことをカンファレンスという。カンファレンスを子どもの支援につなげるために、参加者それぞれが自らの専門領域から可能な支援を、その限界も含め明確にし、互いがそれを理解し尊重しながら問題に対処していくことが求められる。

4）研修、講話

SC は、学校や教育委員会から依頼を受け、教師や保護者や地域の人々を対象に、自らの専門性を生かした研修や講話をおこなうことがある。その他に、「スクールカウンセラー通信」等の呼称で、メンタルヘルスに関する情報や SC の活動について広報をおこなっている SC も多い。学校が担う役割の一部として、SC には、地域臨床への貢献もまた求められているのである。

5）査定（アセスメント）、見立て

中古車の査定価格は、その車の失われた価値と残された価値とを専門家が数値化したものに相当する。心理査定を車の査定と全く同じように考えることはできないが、査定とは、対象者が苦手な領域や、発揮できていないか未成熟な状態でとどまっている能力等と、得意な領域や今後発揮できるようになる可能性のある能力の両方を明確にすることを指している。残された能力も合わせた総合的な評価をおこなう点が、病理的側面の評価のみをおこなう診断との最も大きな相違点である。また、査定に従い対応の方針を立てることを「見立て」という。SC の見立ては協議（カンファレンス）のなかで共有され、ケース対応に役立てられる。

6）予防的対応（ストレスチェック、ストレスマネジメント）

2000年代に入ってから、子どものストレス反応（としてのいじめ、不登校、中1ギャップ等）に注目が集まっており、ストレッサーとなっている教育環境の改善が図られている（松崎，2013）。そこで、SC に対しても、既に起きている課題への対処だけでなく、問題を未然に防ぐための対応が求められるようになっている。具体的な内容は、学校の方針やSC の専門性により異なるが、心理査定の方法（観察法・面接法・検査法）に即して述べるなら、予防的対応や課題の早期発見のために、SC は、

休憩時間や放課後に相談室を開放してより多くの生徒が利用できるように
したり、授業や休憩時間の様子を見学することがある（観察法）。また、
全校児童・生徒を対象にストレステスト等を施行し（検査法）、その結
果ストレスを抱えている可能性のある子どもと面談をおこなう（面接
法）こともある。その他に、ストレスマネジメント等がカリキュラムに
組み込まれている場合には、授業づくりに参加する場合もある。何れに
しても、SC だけの判断でおこなうのではなく、学校として目指す教育
理念を共有し、そのなかで自らの専門性を活かしていくことが重要であ
る。

7）危機対応

　SC は、学校で起こるあらゆる危機的状況に対して、臨床心理学的観
点から適切な対応をおこなわなければならない。単独で対応するのが困
難な場合には、緊急時に臨時で派遣される他の SC やスーパーバイザー[(5)]
らと共同で対応にあたる。危機対応は初動のあり方がその後に大きく影
響するため、日頃から危機対応に関する知識や心構えをもっておくこと
も重要である。

　このように、SC の業務は徐々に個別面談以外の領域へと拡大して
いった。その多くは、地域の社会的資源との連携を含んでおり、その重
要性への認識から、2008年度には「スクールソーシャルワーカー」制度
が新たに導入された。現在、SC とスクールソーシャルワーカーそれぞ
れの効果的な活用が模索されている。最終項では、今後求められるであ
ろう、より根本的な SC 活用のあり方に触れておきたい。

3　SC 活用の展望：「で」から「の」へ

　いわゆる学級崩壊に関するコンサルテーション面接を、クラス担任で
あった B 先生とおこなったときのことである。その学級が崩壊に至っ
た理由を B 先生の資質にのみ求めるのは、筆者の立場からは不自然か
つ不可能なことであった。しかし、B 先生と同学年を受け持つ他の教員
や管理職の教員らは、それを信じて疑わない様子であった。筆者は、そ
れが事実と異なることを示す素材を提示したが、それは B 先生への慰

めとしてのみ理解され、それによりB先生の評価が見直されることはなかった。そして、学級運営の仕方を直接・間接に批判されることも、慰められフォローされることも、同様にB先生がまったくの無能であるとのメタ・メッセージを含むものとなっていた。それは、正に、職員室という一つの集団において一人の成員が孤立するように追い詰められていく「いじめ」そのものであった。もしそうであるならば、悲鳴を上げていたのは職員室であり、職員室が崩壊する代わりにある学級が崩壊したとの理解がより適切である（第3章第2節を参照）。

　SCが、学校「で」カウンセリングに関連する業務に従事している心理臨床の専門家であるということは、辞書的には正しく自明のことである。しかし、学校は、一つの集団として機能しているものでもある。よって、SCは、学校「で」構成員である児童生徒・保護者・教職員といった個々人をみる目だけでなく、学校という「全体としての集団」（group as a whole）（W.R. ビオン，1961/2016）「の」観察をおこない、作動グループは機能しているか、基底的想定グループが支配的となっていないかといった査定をおこない、そして、学校集団全体に介入する技法をもつ必要がある。学校という集団そのものは声をもたない。しかし、不登校の子どもや学級運営に苦慮している教員の訴えは、学校という集団全体の訴えでもあるという、集団としての心的現実に目を向けることができれば、生徒指導・教育相談・SC・スクールソーシャルワーカーが真にチームとして協同し課題に向き合える可能性が高まるだろう。

注
（1）**クライエント**：カウンセリングを受ける人。来談者。医師に対する「患者」に比べ、援助者であるカウンセラーと対等な立場で協同し事に当たる点を強調するために用いられる。
（2）**メタ**：「上位の」という意味。メタ・メッセージとは，メッセージに含まれる、相手との関係性や文脈を示す伝達内容を表す。
（3）**自己開示**：自分自身に関する情報をありのままに伝えようとすること。望ましい印象を与えるために意図的に振る舞う自己呈示や印象操作とは異なる。

（4）**羨望**：精神分析家 M. クラインが確立した概念。良い対象に対する妬ましさから、その良さを貪欲的に奪い取り台無しにしてしまおうとする衝動を表す。その結果、自己と対象の双方に対して破壊的影響を及ぼす。

（5）**スーパーバイザー**：カウンセラーの担当ケース、危機対応の場合は各カウンセラーの業務分担や危機対応全体を統率する役割を担う。

文献

Bion, W. R.（1961）*Experiences in Groups: and Other Papers*. New York: Basic Books. メッド・ハフシ監訳（2016）集団の経験：ビオンの精神分析的集団論 金剛出版.

中央教育審議会答申（1998）新しい時代を拓く心を育てるために――次世代を育てる心を失う危機 第4章 心を育てる場として学校を見直そう http://www.mext.go.jp/ b_menu/shingi/chuuou/toushin/980601.htm#4（参照2014-12-01）.

教育相談等に関する調査研究協力者会議（2007）第2回配付資料 兵庫県におけるスクールカウンセリング実施のためのガイドライン試案 http://www.mext.go.jp/a_menu/shotou/seitoshidou/kyouiku/shiryo/07103011/000.htm（参照2014-12-01）.

小林司編（2004）カウンセリング・マインド『カウンセリング大事典』新曜社.

春田正治（1978）『戦後生活指導運動私史』 明治図書.

松﨑佑香（2013）中学生のストレスコーピングに関する研究動向と展望 プシコフィリア研究第6巻 pp. 47-53.

文部科学省（2010）生徒指導提要 http://www.mext.go.jp/b_menu/houdou/22/04/1294538.htm （参照2014-12-01）.

文部省（1965）生徒指導の手引.

Porter, E. H.（1950）Introduction to Therapeutic Counseling. Houghton Mifflin harcourt.

鋤﨑勝也（2006）教育現場から提言する――生徒指導の実態とこれからの生徒指導 九州ルーテル学院大学紀要 VISIO 第35号 pp. 25-42.

第**2**章

人間と悩み

第1節　人間とは

1　可能性を秘めた存在

　人間とは何か、という問いは古代から問われ続けられてきたが、ここでもう一度人間について考えよう。

　私たちは、生物学的にはヒト、つまりホモ・サピエンスとして生まれてくる。ヒトは、類人猿の一種であり、もっと言えばサルの一種である。しかし、私たちは単にサルの一種として、あるいはサルの進化版として自分たちを捉えていない。良いか悪いかは別として、他の全ての生物とは違った、特別な存在として、「万物の霊長」として認識している。それは、何故だろうか。

　それは、チンパンジーの知能が高いとかイルカは高度なコミュニケーションをとっている、と言っても人間や社会が作り上げてきた精神性や思想、あるいは科学技術、社会システムなどは、他の動物にはまねのできないかけ離れたレベルのものであり、他の動物に比べてその能力は群をぬいているからである。

　したがって、人権という思想は、自然権であるとし、生まれた時から全ての人間に備わっている権利としているが、イヌやサルに及ぶものではない。もちろん動物愛護の思想は大切であり、動物を虐待することも罪になる。しかし、人間と全く同じ権利を有するものとして扱うことはない。

　それでは、なぜ人間は他の動物と違った存在になったのか。それは人間が直立二足歩行を行うようになって大脳が発達したとか、手が自由に

使えるようになり道具を作り使用するようになり、言語が生まれ文化を持つようになったからだ。

　そのことを前提として、人間が生まれるシステムにもその秘密があると考えられる。どういうことかと言えば、スイスの生物学者であるアドルフ・ポルトマンによれば、人間は「生理的早産」で生まれてくるというのである。ポルトマンは、動物学的にみれば、人間は本来21ヶ月程度で誕生すべきなのだが、直立二足歩行による骨盤の矮小化によって胎児の身体的成長に限界があるため10ヶ月で誕生するようになったと考えた。たとえば、馬や牛などの動物は生まれてすぐに立ち上がって歩くが、人間は生まれてから１年近くたたないと歩くことができない。つまり、馬や牛は産まれた時には、すでにほぼ成熟した状態で生まれてくる。それに対して人間は、未成熟で産まれてくるのである。これは逆にいうと可能性を秘めて産まれてくるということである。成熟し完成すると変えることができないが未完成の状態であるため完成の形は決まっていない。可能性を秘めているのだ。賢い犬でも人間の２、３歳の知恵以上にはならないが、人間は環境や教育次第でどんどん変化していく。それが人間の特徴である。だからこそ人間だけが、これだけ発展してきたのだ。

　特に、教育は人間を人間たらしめるものなのである。私たちは、生まれた時から教育を受けて育ってきた。小さな頃には、食べること、トイレに行くこと、手を洗うこと、「ハイ」と返事することなど、いわゆる基本的生活習慣から学校に入れば算数や国語や体育などのさまざまな教育を受けてきた。そのことによって、現在の自分があると言える。ドイツの哲学者、イマヌエル・カントが「人間は教育によって初めて人間となることができる。人間とは教育によって作りだされるところのものに他ならない」と述べたように、人間は教育を必要とするのであり教育なしでは人間としての営みが全うできないのだ。

2　私とあなた

　人間は、社会的存在であると同時に、唯一無二の存在である。

　釈迦は、生まれた時に右手で天を指し、左手で地を指して「天上天下

唯我独尊」（私は、宇宙のなかで唯一の存在で尊いものである）といったといわれている。つまり、人間は、「私」という自我を持った唯一の存在なのである。どういうことかと言えば、「私」自身は、人間である。人間は現時点でも地球上に70数億人いるが、そのなかの一人にすぎないし、他の人間も私も同じ人間であり、変わりはない。しかし、「私」自身は、世界の中で他の人間とは違う世界でただ一人の存在であり、私が生まれる前には存在したことがなく、私が死んだあとも決して存在することはないかけがえのない存在である。

　一方、「私」という概念そのものが、他者との関係で形成されているとも言える。つまり、人間は社会的存在でもある。

　人間は一人では生きていけない。ライオンやシマウマ、オオカミは、皆群れをなしている。人間の場合、その群れが発展して「社会」となったのである。社会とは、「生活空間を共有したり、相互に結びついたり、影響を与えあったりしている人々のまとまり。また、その人々の相互の関係。」（大辞林）である。そして、人間は、誕生してから死ぬまで社会の構成員の一人であり、また社会の行為者でもあるのだ。つまり、人間は、社会という関係性のなかで生きているのである。しかも、周りに人がいるから、「私」という概念が形成されているのだ。「私」という存在は、「あなた」という存在がなければ成立しない。なぜならば、世界で一人しか人間がいなければ、「あなた」はいないのであり、「あなた」と対概念である「私」という概念もないということになるのだ。

　このように絶対的存在としての「私」と相対的な「私」を含めて、「私」であり、それを確立していく過程を見事に著した絵本がある。『100万回生きたねこ』という本である。これは、ねこの生涯の物語であるが、人間が成長し自我を確立していく過程と通じる話である。話の概要は、次の通りである。

　　100万年の間、死なないねこがいて、100万回の生き死にを繰り返してきた。
　　その間、ねこはさまざまな飼い主に飼われて、さまざまな死に方を

した。ねこは多くのねこに求愛もされたが、それに応えることはなかった。なぜなら、ねこは自分が一番好きだったからだ。

　一匹だけ、自分に興味を示さなかった白いねこがいた。ねこはそのねこを好きになり、子どもが生まれた。ねこは白いねこと子ねこのことが一番好きになった。

　やがて、子ねこたちは大きくなって、ねこと白いねこは年老いたが、このままずっと２人で生きていたいと考えた。

　ある時、白いねこが死んでしまい、ねこは100万回泣き続けた後、自分も死んでしまった。

　今度は、ねこは二度と生き返ることはなかった。

　この物語で重要なことは、ねこが本当の意味で死んだのは、最後の場面での死ということである。100万回も生きて死んだとはどういうことかと言えば、このねこは先祖代々続いていて、このねこは100万世代目の猫ということである。世代が100万回かわったということである。いわば、このねこの血筋が代々続いてきたということなのである。しかし、自我がないから個体の死は、さして意味がない。親の血を受け継いだねこが代替わりしているということは、同じねこの生まれ変わりが続いているということである。それぞれのねこの代に色々な人間に飼われるが自我がないからうれしくも悲しくもない、ただ、生命体として再生していくだけである。このような死は、死であって死でない。もっと言えば、アメーバのような生き物は、自然死としての個体死がない。なぜならば、細胞分裂によって全く同じDNAを再生していくからである。これを繰り返す限り死は訪れない。古い細胞が朽ち果てていってもそれは死ではない。もともと人間にしても同じ細胞が何十年と生き続けている訳ではない。今の私の全身の細胞は約90日で新しく生まれ変わるのである。古い細胞はどんどん入れ替わっていっているのだ。このように考えると、アメーバに死がないように、雌雄の生殖によって再生されるから半分のDNAしか受け継がれないという意味で不完全なのであるが、自我がない動物にも私たちが考えるような死がないことになる。つまり、肉体と

しての死はあるが、「私」としての死はないのだ。なぜならば動物には「私」がないからである。

　物語に戻るが、このねこの家系の100万代目のねこがあるとき一人で生きることになる。このねこは、自分が大好きになるが、その時、自我がめばえたと言えよう。そして、さらに、白いねこに出会い、恋に落ちる。ねこは、人を愛することを知り、自分のなかのアニマを知ることで優しさを持ち合わせるようになる。

　ここで、アニマを知るとはどういうことかと言えば、実は白いねこには２つの意味がある。外界の存在として白いねこを捉えれば恋人ということになるが、心の内側の問題として考えたらアニマを意味する。アニマというのはユング心理学の言葉である。ユングによると、男性には心のなかにアニマという女性性があり、女性には心の中にアニムスという男性性があるという。男性は一般的には男性性が表に出ており、しっかりしていて、頼りがいがあって、攻撃的ではあるが、内側には、やさしかったり、めそめそしたり、甘えたがりであったり、寂しがりであったりという心がある。逆に女性は表では優しかったり、しとやかであったり、なき虫であったりするが、内側には芯が強かったり、攻撃的であったりする男性性がある。つまり、男性には内側に女、女性には内側に男があるのだ。この両方が、そろったときに一人の人間、人格になれる。男性は自分の男性性だけしか見えないと偏った人間になり、自分の女性性も知ることで全人格ができるのである。女性も同様である。男性も女性も自分の表の部分だけで生きている人は半人前ということができる。白いねことの出会いは、のらねこの内側にある女性性を見つけたという見方もできる。だからこののらねこは、人格的に丸くなって大きくなって優しくなったのだ。

　そして、子どもが生まれ、自分自身より大切な存在を知り、妻の死を経て最後に死を迎える。このねこは、二度と生まれ変わらなかったのである。つまり、このねこは、自我が確立したのであるから、世界で唯一の個となった。したがって、その個が死んだ時にこの自我をもった個は永遠に生まれ変わることはない。「私」はこの世に唯一しか存在しない、

したがってその死をもって、永遠にこの世からなくなるのである。

　これが、まさに自我をもった唯我独尊としての人間の死である。このように考えると死が前提としてあるからこそ人間は自我が形成されるとも言えるのではないだろうか。人間は、「私」を持つことによって死への恐怖とともに生のあり方を追求することになる。

第2節　記憶と死

1　記憶と現在、過去、未来

　生きている人間は、今、つまり現在に生きている。この瞬間、息をしているし、歩いているかもしれないし本を読んでいるかもしれない。そして、次の瞬間が今となり、食事をしているかもしれないし、友人と話をしているかもしれない。生きている間は今を生き続けているのだ。しかし、人間はそれだけではない。現在だけでなく過去も未来も含めて生きているのである。どういうことかと言えば、人間は生きてきた過去の上に今がなりたっているのである。一方、自分の未来に向かって生きている。

　このような過去を持ち、未来を予測したり、計画したりする能力を人間はどのようにして獲得したのであろうか。

　結論から言えば、過去も未来も、過去の経験や記憶がもとになっているのである。たとえば、春の次には夏が来る、夏の次には秋が来て、その次に冬が来るのは当たり前のようであるが、実はこれは未来予測である。この予測は、人間の長い経験のなかで、つまり過去の経験から、日本では春夏秋冬というように季節が巡るという自然の法則を経験や観察から導き出したのである。つまり、未来は、過去の経験をもとに人間が予測するものである。つまり、過去がなければ未来は描けないということになり、過去の記憶量が多いはど鮮明なほど遠い未来まで明確に予測できるということである。

　それでは、なぜ人間は過去を持つことができるのであろうか。それは、人間はすぐれて高い記憶力をもっているからなのだ。過去は記憶による

ものだからだ。記憶があるからこそ、今までに経験したことや聞いたことを覚えているのである。覚えるからこそ過去が存在する。記憶こそが過去を形作っているのである。高等動物には、記憶が少しはあると言われている。ただ、それは非常に短い時間であったり、限られたものであったりする。犬の記憶は数秒間だとか、1週間だとか言われるが、はっきりしたことはわからない。また、南極観測隊の犬で、1年間南極に放置された太郎、次郎のように1年前の飼い主を覚えていることもある。このように、犬は相当の記憶力があるといわれており、何年もの前のことを覚えていると言われるが、それでも過去についてはっきりとは意識されていないのである。このことに関して、平岩米吉氏は、「少なくとも、犬における『過去』は、われわれの生活におけるような系統だって組織され、持続して『現在』に直結しているものではないのである」と述べている。つまり、犬の記憶は、時系列的、系統だった記憶はなく、断片的な記憶であり、したがって記憶の中に過去を形作られていないのである。また、「犬には現実の欲求だけが大切なのである。目前の自由、目前の愛憎、目前の食欲－これらが彼を支配するすべてではあるまいか」と述べており、犬は、現実という今だけを生きている。つまり、過去がほとんどないということは、未来がほとんどないということである。

　それに対して人間の記憶力は、他の動物に比べて圧倒的に優れている。人間は、系列だった膨大な記憶に基づく過去があるからこそ未来という概念を持ち、記憶から類推して未来の予測を立てるのである。だから人間は、他の動物とは違い、著しい発展を遂げてきたのである。どういうことかといえば、未来があるからこそ人間は目標を持つことができるようになったのである。つまり、目標は未来に作るものである。「明日までにこのレポートを仕上げよう」、「来年のオリンピックでは金メダルをめざそう」など、目標は全て未来に設定するものである。そして、人間は、未来に設定した目標を達成するために努力と創意工夫を行うようになったのだ。このように、記憶の良さが、人間に過去をもたらし、未来を与えたのである。

2　未来に不安　過去に後悔

　人間は、今述べたように現在だけでなく過去があり、未来がある。だからこそ、人間はここまで進化してきたのである。このことを人間の心に注目して考えてみれば、現在、過去、未来という重層性が、他の動物と比べて圧倒的に人間の心を広く深いものにしていると言える。どういうことかと言えば、私たち人間は過去があるから、過去の思い出に浸り、懐かしさに心が癒されるのである。しかし、同時に自分の過去の行いや選択に後悔をし、もう一度人生をやり直したいと思ったりする。また、未来を持っているからこそ、将来に対して希望を持ったり、夢を抱いたりする。しかしその一方で、自分の将来に対して不安を抱き悩むこともある。このように過去に心を持っていったり、未来に心を持っていくことで、心理的にプラス・マイナスに大きく振れるのである。プラスは良いこととして置いておいて、マイナスについて言えば、過去の行いへの後悔や未来に起こるであろう結果への不安が出てくるのは、そのことに対して直接関与することができないからである。つまり、過去はすでに終わってしまっているから、今になっては変えようがない。一方、未来はまだ来ていないので、今の時点で直接は何もできない。このように考えると過去と未来が人間に後悔と不安をもたらすことになったとも言える。

3　死

　ここでは、「死」について考えてみたい。ドイツの哲学者であるマルティン・ハイデッカーは、人間を「死への存在」と規定している。つまり、人間は死へ向かって生きているのであり、そのことを人間だけが自覚しているのである。

　死後の世界は分からないが、少なくとも個体としての肉体はいつか朽ち果てるのである。私たちは、人間は必ず死ぬということを知っている。そして、当然のこととして人間のなかの1人である自分自身も将来、あるいは次の瞬間、死を迎えるであろうということはわかっている。

ところで、この死という概念は、おそらくは、人間だけのものである。それはどういうことかと言えば、全ての動物のなかで人間だけが死ぬということを知っているということである。猿や犬に直接聞いたことはないが、おそらく動物に死という概念はない。

　それでは、なぜ人間だけが死を知っているのであろうか。それは今述べてきたように、人間が高度な記憶を持っているからである。

　自分にとっての死は、未来の出来事である。死が訪れるのが、1年後か、50年後か、あるいはそれ以上後かもしれないが、少なくとも未来のことである。つまり、「私はいつか死ぬ」というのは未来予測なのである。そして、自分が死ぬという予測は100％当たるのだ。人間は、優れた記憶により、過去を持ち、未来を予測するという能力を持った。そして、死ぬということを知り、概念化したのである。たぶん、大昔の原人は、周りの人がみんな死んでいく中で、人間は、皆死ぬのだということが経験的に分かってきたのであろう。動物は記憶がどんどんなくなっていくから、1ヶ月前に死んだ仲間がいても、記憶に残っておらず、いつかは自分が死ぬというような未来予測はできない。人間は過去の記憶があるから、人間は全て死ぬということを発見したのである。したがって、人間だけが、死ぬという概念を持っているのだ。このことにより、人間は死ということと向き合うことになった。つまり、自分も含めて人間は必ず死ぬということである。

　つまり、人間は、未来を持ったことにより、目標を持ち、努力してきたからこそ、他の動物とは全くレベルの違う発展を遂げてきた。しかし、それと同時に死という概念を持つことになり、死に対する恐怖や悩みを持つことにもなったのである。

　さらに、人間が死を自覚するようになった根本的な要因は記憶にあるが、さらに考察すると、人間が自我を持つことで死が生じたと言える。先に紹介した『100万回生きたねこ』でもわかるように、「私」が死ぬという自覚を持つためには、「私」が確立していなければならないからである。

第3節　悩み

「悩むことなんか何もない」という人も含めすべての人間は、「悩み」を抱えている。オーストリアの臨床心理学者ヴィクトール・フランクル（1905年～1997年）が、人間を「苦悩する存在（ホモ・パティエンス）」と述べたように、人間は本質的に悩む存在なのである。それでは、なぜ悩むのか。それは、私を持つようになり、知能が高度に発達し、社会を形成し、本能や自然法則とは違った人間独自の考え方や判断基準を持つようになったからである。また、それらの考え方や判断基準が複雑に絡み合い、判断が難しくなったり、判断に迷ったり、判断と判断に矛盾を生じたりということが起こるからである。さらに、理性と感情との食い違いが迷いを生み、悩むことになるのだ。

1　現実と悩み

人間は、欲求や望みを持っている。美味しい食事をしたい。金持ちになりたい。有名になりたい。一流企業に入りたい。しかし、これらが現実となるとは限らない。むしろ、自分の思いは、あまり実現しないことが多い。この現実と思いとのギャップに人間は悩むことになる。それは、自分の努力によって解決できるようなこともあるが、自分自身では解決できない悩みもある。

動物は、自分の存在をそのまま受け入れてただ生きている。それに対して、人間は自分の存在を自然な形でそのまま受け入れることができず、自分なりの考えを持ち、他者と比較し、自分の目指すべき観念を持って生きている。人間に欲と知恵がある限り、悩みは尽きないのだ。

2　思考と悩み

人間は、知的能力や思考能力が他の動物と比べ極端に発達しているため、一つの対象や事象に対して、複数の考え方ができる。しかしそれが悩みの原因となる。たとえば、Aの理論で考える結果と、Bの理論で考

える結果が違った場合、どちらを選択するか、悩むことになる。

　また、ピアジェが言うように、子どもは物ごとを自分中心にしか捉えたり考えたりできないが、中学生くらいになると客観的に物事を見ることができるようになる。そうすると、自分という存在を疑わなかったのに、ある日自分とは何かというような課題にぶち当たり悩むようになる。

3　感情と悩み

　人間は、理性的であるとともに感情的である。自分の中で感情と感情のぶつかり合いが起こり、悩みが生じることがある。たとえば、好きな異性に対する恋する気持ちと嫉妬の気持ちが同時に起こり、どうすればよいかわからなくなるといったことがそれである。

　また、思考と感情が相反する場合もある。たとえば、不登校の生徒は理屈としては学校に行かなければならないことはわかっているが、感情として学校に行けないのである。思考は成長と共に複雑になり他者や社会の影響を受けるが、感情は自然のままに発露する。そのギャップを埋められなくなった時に悩みがはじまるのである。

4　身体と悩み

　自分の身体は、かならずしも自分の思うような身体ではない。たとえば、「もっと背が高かった方がいいのに」とか「もう少し鼻が高かったらな」など、容姿についての悩みは多かれ少なかれ誰にでもある。また、身体能力についても、「どうして速く走れないのだろうか」、「僕はなかなかバッティングが上手くならない」というように悩むのである。

　また、人間は身体を持っているから、生理的欲求が生じる。つまり、食べたい、寝たい、老いたくない、死にたくないなどの欲求がある。さらに、身体が物としてこの時間空間に存在するから、他の物を欲しがるという欲求がある。したがって、人間は身体があるからこそ、物に執着し、それを手に入れるために悩むことになる。たとえば「家を買おうかどうしようか」とか「どうしたらお金を儲けることができるのだろうか」というようなことである。

5　人間関係と悩み

　人間は二人以上いると考え方は違うし、価値観も違うと言われるように、人間関係は人を悩ます大きな要因である。私とあなたは、それぞれが違う存在であり、それぞれが異なった時間空間に生きながら変化していく。そのような私とあなたの関係は絶対的な関係とは言えず、常に変化しつづけるのである。そのような中で、家族関係や友人関係、恋人関係、師弟関係、会社での上司との関係などの人間関係が輻輳して私の周りをとりまいている。たとえば、父親への反発、彼氏が浮気をしたことへの怒りや不安感などである。社会が複雑になればなるほど人間関係の悩みも多くなり複雑になるのである。

6　社会と悩み

　私たちは社会的存在である。したがって、社会の中でしか、生きていけないのである。しかし、社会には法律や規則、習慣、道徳など私を規制したり、罰したりする決まりごとが多く存在する。そのなかで、「守らなければならないのか」、「この窮屈さはなんとかならないのか」、など悩みながら生きている。また、社会のなかで生きていくにあたり、学校に行き、会社で働くということ自体の意味について悩むこともある。

　以上、私たちにとって「悩み」は尽きない。時には、悩みによって何もできなくなったり、体調を崩したり、心の病に陥ったりする場合がある。

　一方、悩みこそが人間の成長のプロセスでもある。人間は、悩みを自らの力で解決していく過程で精神的な成長を遂げ、人格を形成していくのである。ただし、その悩みによって、本人が非常に辛い状態に陥ったり、生活ができないような状態にならないようにサポートしていく人が必要である。それが、家族であったり、親友であったり、恩師であったり、あるいは心理カウンセラーなのだ。また、サポートする体制も必要で、それを家庭や学校、行政が担わなければならない。

第4節　心と身体

1　心とは

　心とは、何かという命題は古代ギリシャから問われ続けてきた。しかし、科学的に、「心とは何か」、「心はどこにあるか」について、未だに答えは出ていないし、これからも出ることはない。なぜならば、科学的に証明するということは客観的に明らかにするということである。しかし、心とは何かということを考えているのは「私の心」である。「私の心」は、まさに主観であるから、「私の心」を客観化した瞬間に「私の心」ではなくなる。対象化した時点で少なくとも「私の心」ではないのである。したがって、心の学説は全て仮説に過ぎない。それでは多くの仮説のうち、どれが真実に近いのであろうか。この問いも不毛に限りなく近い問いである。ただ、カウンセリングなどの臨床場面での心の現象をうまく説明できる心の理論はある。ここでは、カウンセリングでよく使われるフロイトの心の構造とユングの心の構造について、簡単に説明しておこう。

　フロイトは、無意識の発見者と言われている。

　心を意識と無意識にわけ、無意識はリビドーという性エネルギーによって成っているとし、過去の抑圧された（忘れた）記憶や本能、感情などで構成されているとする。

　ユングはフロイトの弟子であったが、後に彼独自の心の構造を構築した。ユングは、リビドーを性エネルギーというように限定せず、広い意味で生命エネルギーと捉え、無意識をフロイトより心に占める割合を大きく捉えた。さらに、無意識を2層にわけ、個人的無意識と普遍的無意識と仮定した。

　ユングは、人間の意識は自我を中心にある程度主体性・統合性をもって安定しているとした。一方、無意識の領域の個人的無意識は失われた記憶や自我の統合性を守るために抑圧された不快な諸表象などから成り、個人的体験に由来するものであると考えた。また、普遍的無意識は、個

人的無意識のより深層に位置し、本質的に元型によって構成されていると仮定したのである。元型とは個人を超えて世界の人々に普遍的にある型式であり、それ自体は認識できないが、イメージとして感じ取れる場合があるという。ユングの無意識は、フロイトのように意識にあっては都合の悪いコンプレックスやトラウマなどが抑圧されているというだけではなく、インスピレーションや想像力といった人間の可能性を秘めたプラスの能力も存在していると捉えている。

　それでは、意識と無意識はどのような関係にあるのだろうか。日常私たちは、自我を中心にある程度安定して生きているが、その自我は意識の中にある。つまり、意識の範囲で生きているということになる。しかし、意識はできないが、無意識の領域から様々な影響を受けている。たとえば、訳が分からないがイライラするとか、ドキドキする。あるいは、不安に駆られたり、恐怖感を覚えたりする。いくら落ち着こうと思っても、気にしないようにしようと思ってもどうにもならない。つまり、意識は無意識をコントロールすることはできないのである。なぜならば、無意識という名のとおり、通常、無意識は自分で意識できないのであるから、コントロールしようがない。そして、無意識を無理にコントロールしようとすればするほど、今度は意識そのものが乱れることとなり、混乱したり動揺したりするのである。たとえば、寝ようと思えば思うほ

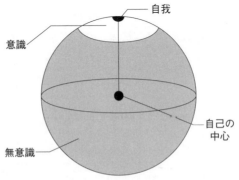

図2-4-1　ユングの心の構造（山中康裕『臨床ユング心理学入門』より）

ど心配事が頭に浮かんできて寝られない、無心になろうと思えば思うほど雑念が沸いてくる、といったことは多くの人が体験していることである。このように、無意識の領域には私たちを超えた様々な心性が含まれている。したがって、私たちは自分の心でありながら未知なる部分を多く持っているのである。

2 元型について

元型とは、無意識の内容が意識に影響を与えるとき、それは直接意識されるのではなく、人類共通の心理的パターンに基づくイメージとして現れるが、そのイメージを生み出すときの基本的モチーフのことである。

ユングは、宗教・神話・伝説あるいは夢や精神病の妄想の内容に、時代や文化を超えて共通する普遍的なイメージが存在することから、集合的無意識の中に祖先から受け継いだ普遍的なものがあると考えた。それが元型である。集合的無意識を基礎づける元型は数多くあるが、ここではその主なものを紹介しておく。

1）シャドー（影）

シャドーは、個人的影と普遍的影とに分類される。個人的影とは、「その個人の意識によって生きられなかった半面、その個人が認容しがたいとしている心的内容であり、それは文字通り、その人の暗い影の部分をなしている。」（河合隼雄『ユング心理学入門』）と言われる。たとえば、仕事熱心でまじめな上司が、遊び好きで不真面目な部下に対して、激怒するのは、自分のシャドーを部下にみるからである。つまり、自分が否定し、抑え込んできた人格が目の前に現れると腹が立つのである。

また、普遍的影とは、人類に共通して悪とされている心的内容である。たとえば、人殺しとか、レイプなどがそれにあたる。

2）グレートマザー（太母）

絶対的な優しさと安全感を与えてくれる、「母なるもの」のイメージである。このイメージは実際の母親に投影される場合もあるが、むしろ、「大地の女神」や「母なる大地」として表現されることが多いが、共通している点は「生命を生み出す母親」というイメージである。具体的に

は、土偶などもその一つであり、山姥、母性社会などもグレートマザーである。グレートマザーには二面性があり、全てを包み込んで育てる絶対的な優しさや安心感を与えてくれる良い母親、それに反する全てを呑み尽くし拘束する恐ろしい母親のイメージがある。

3）老賢者

　父親の元型であり、「智恵」の象徴とされる。公平で厳格な態度であり、悪には厳罰を与えるが、正しい道に導いてくれる。超自然的なマナ人格を備えている。なお、マナとは神秘的な力の源であり、超能力やカリスマとも親和性が高い。困った時に、助言と助力を与える、白ヒゲの老人。夢の中では、魔法使い、医者、聖職者、教師、祖父などの姿で現れる。

4）ペルソナ

　ペルソナという言葉は、ラテン語で元々古代ローマの演劇において役者が被った仮面のことである。ペルソナとは、社会に適応するために身に付けた自己の外面的なパーソナリティである。男性の場合は、「男らしさ」や「頼りがい」、女性の場合は「女らしさ」「やさしさ」などで表わされる。

5）アニマ・アニムス

　男性は一般的に、「男らしさ」というものを社会的に要求され、男らしくなろうとし「男らしさ」のペルソナをつけている。その時、その人が生得的に持っていた「女らしさ」は無意識界に沈み、アニマ像を形成する。つまり、アニマは男性の心の中の女性性である。逆に女性は、「女らしさ」のペルソナの内側にアニムスという男性性を持っている。

6）自己（ゼルプスト）

　心全体の中心であり、心の発達や変容作用の根源的な原点となる元型。宗教的には「神の刻印」ともみなされる。「悟り」の境地と言われるものも、自己が十分に機能している表れと言える。自己は、自分が落ち込んでいたり、人生に意味を見いだせずに苦しんでいたりする時などに、自分で自分の人生に意味を与えることができる機能であり、人間には自ら向上しようとする力が働くのだが、その中心が自己である。

以上、元型について簡単に紹介したが、ユングは、元型によって示した無意識を意識と統合しなければならないと述べている。これは個性化と言われるものであり、あるべき自己の姿を認めることで自己実現することである。

3　心と身体

　現代の医学や教育学の基本は、精神と身体を別物として捉えて体系づけられている。これは、ルネ・デカルトの心身二元論に基づいている。デカルト（1596年〜1650年）は、「長さ幅および深さある延長は、物体的実体の本性を構成し、思惟は思惟実体の本性を構成する」（『哲学原理』）と述べ、精神と物質は本来的に異なるものとして規定した。このデカルトの世界観、人間観が、自然科学に則った近代文明の驚異的な発展の思想的根拠となり、現代の科学や医学の発展に大きく貢献してきたのである。

　医学について説明しよう。西洋医学の発展も心身二元論がその根底にある。人間の肉体は物である。生きている間は精神が宿っているが、死ねば単に物としての死体である。悪霊などというものが取り憑いているということはない。その結果、それまで忌み嫌われた死体を解剖するようになり、人体の詳細な構造がわかってきたのである。いわば、現代の西洋医学は、死体の分析から導かれたのである。このように、医学においても人間の体を心と切り離し、身体を一つの物質とみなすことで、化学薬品と手術を柱とする近代医学が発展してきた。怪我をしたり、病気になったりした身体は、故障した精密機械である。したがって、それを直すには壊れた部品を取り替えるように、痛んだ臓器を切り取ったり、移植したり、また動きの悪いギアに油を注ぐように、化学薬品を飲ませるのである。心身二元論にもとづいた西洋医学の発展で、多くの人々が命を長らえられるようになった。

　しかし、ここにきて、その大きなツケがきている。なぜならば、デカルトの二元論には無理がある。デカルトは、人間の心と身体は全く別だと唱えたが、私たちの心身を考えれば、そうではないことはすぐにわか

る。不登校の生徒は、学校に行こうといくら決心しても当日の朝、熱が出たりお腹が痛くなったりするし、あるいはスポーツの試合であがってしまって実力を出せなかったりということは、私たちが日常的に経験していることである。心と身体は密接に関連しているのだ。

　たとえば臓器移植では、今や多臓器移植が可能になり、また脳の一部の移植までが可能になった。そうなってくると、「私」はどうなるのかということが問題になってきた。人間は機械ではない。多くの臓器が交換されるという事態になると「私」はどうなるのかという、存在そのものの問題になる。このような、「私」を置き去りにした、医学に何の意味があるのか、今、問い直されなければいけない時期である。

　教育学においても、近代教育が入ってきて、精神と身体は切り離されてしまった。身体の教育は体育と考えられた。しかし、周知の通り、スポーツは、極めて心理的、精神的要素が高い。体育は身体と決めつけて精神より低いものとする価値観が未だに教育界にある。

　それでは、精神と身体はどのように関係しているのだろうか。

　まず、精神を意識と無意識に分け、身体を運動神経系と自律神経系に分けて考えることにする。

　意識は、理論や思考であり、理性と言われるもので、運動神経系とつながっている。これは、運動神経を通じて随意筋を動かし、その結果として四肢が動くという仕組みが成り立っている。この場合の心身の関係は、私たちが日常において身体を動かすときの関係である。手を動かそうとすれば手は動く。ボールを投げようとすれば投げられる。つまり、自分の意志で身体を動かしているのである。

　それに対して、無意識は情動や感情の源泉であり本能と言われるもので、自律神経系とつながっている。これは、自律神経を通じて不随意筋をコントロールしており、その結果として内臓に影響を与える。こちらの心身の関係は、自分の思うようにはいかないものである。

　以上、意識と無意識、運動神経と自律神経、四肢の筋肉と内臓の筋肉、あるいは意識と運動神経と四肢の筋肉、無意識と自律神経と内臓の筋肉は複雑に関係している。たとえば、スポーツの試合において、意識でい

表2-4-1　精神と身体の相関関係

精　　神			身　　体		
意　識	理論・思考	理性	運動神経	随意筋	四肢
無意識	情動・感情	本能	自律神経	不随意筋	内臓

くら「あがってはいけない」と思っても無意識からわき上がってくる不安や緊張をコントロールすることはできない。その結果、無意識からの作用で自律神経が影響を受け内臓がおかしくなり、試合前からお腹が痛くなったりする。さらに、意識が乱れ、運動神経に影響を与え、四肢の筋肉がうまく動かないために技術が発揮できない。このような事態を私たちは幾度も経験している。しかし、すべてがうまく行くときは、意識レベルでは予想もできないほど身体のコンディションが良かったり、試合中に思いもよらない技が出たりもする。

　ところで、意識で直接、無意識をコントロールするのは非常に難しいが、呼吸を使ってある程度コントロールすることができる方策を人間は経験的に知っている。つまり、呼吸を整えたり、深呼吸をしたりという行為である。確かに呼吸を整えたり、深呼吸をすると不安がおさまったり、落ち着くことができる。実は、この機能を前提として、坐禅などの瞑想も行われており、意識から無意識の領域に入っていくための方法として呼吸法が用いられているのである。

　その理由は、呼吸が、自律神経とも運動神経ともつながっているということにある。観点をかえれば、意識とも無意識ともつながっているのである。それはどういうことかと言えば、私たちは呼吸を無意識に行っており、自動的に運動をしない時はゆっくりと、激しい運動をすれば速くなる。しかし、同時に、自分の意志で、意識で、いつでも息を止めたり速めたりもできるのである。つまり、呼吸は意識と無意識、運動神経と自律神経全てに関わっているのである。だからこそ、私たちは、意識→呼吸→無意識というように、呼吸という身体運動を介して意識から無意識への働きかけをすることができるのである。

　このように、人間の心身は、きわめて深い関係にあり、心の問題、身

体の問題として分けて考えられる事象はほとんどない、ということである。生徒たちの日常を扱う教師にとって、持っておきたい心身の把握の仕方であり、感覚である。

文献

平岩米吉（2003）『犬の行動と心理』 築地書館　p. 43.

河合隼雄（1997）『ユング心理学入門』 培風館.

山中康裕（1996）『臨床ユング心理学入門』 PHP.

佐野洋子（1977）『100万回生きたねこ』 講談社.

ハイデッカー（桑木務訳）（2005）『存在と時間』（中）　岩波文庫.

諸富祥彦（2014）『悩みぬく意味』 幻冬舎新書.

前林清和、木村佐枝子、黒崎優美、荒屋昌弘（2012）『体育教師のための教育カウンセリング』 トゥエンティワン.

氏原寛、山中康裕他（1997）『心理臨床大事典』 培風館.

第3章

学校の現状と問題

第1節　学校と生徒の心

1　学校というところ

　古代ギリシャ、ローマ時代にはすでに盛んに学校教育が行われていたが、スクールという言葉の語源がスコーレ（閑暇）であることが示すように、学校教育は貴族や裕福な市民を対象としたものであった。

　16-17世紀頃には、都市において庶民に対する簡易な学校が多く生まれ、19世紀末には、宗教的中立・無償・義務就学の原則に則った近代学校が成立した。20世紀に入ると階級による区別をなくし、民主的な学校制度を目指す統一学校運動が展開された。

　わが国の学校の歴史は7世紀頃から始まり、中世には、当時唯一の学校として足利学校が創設され隆盛した。江戸時代になると、幕府直属の昌平坂学問所や藩が設けた藩校によって武士の子どもたちに教育を施すようになり、庶民の間でも私塾や寺子屋が江戸を中心に各地で普及した。明治に入ると、1872年（明治5年）に「学制」が、1877年には「教育令」が公布され、わが国の近代教育、公教育の幕開けとなった。第二次世界大戦後は、新憲法のもと教育基本法、学校教育法が制定され、民主教育が行われるようになった。

　西洋においては、18世紀後半、日本においては19世紀後半からの近代以降の教育は、学校を中心とした公教育が整備され、国民が広く教育をうけるようになったのである。

　近代以降の公教育、つまり学校教育の特徴は、進歩主義的啓蒙思想に則っておこなわれてきた。つまり、社会は常に進歩し続けて、明日は今

日より良い世界になるということを前提とした歴史観に基づき、より良い世界を実現させるためには理性による思考が必要であるという立場からの教育である。この理性による思考は普遍的であり不変的であると捉えるため、その教育は学問的、科学的なものとなる。わが国の戦後教育においても、この進歩主義的啓蒙思想に基づいた教育が推進された。戦後、焼け野原から出発した日本は、国民の努力によって日々良くなっていくという希望のもと、その次世代の担い手こそが子どもであった。子どもには今の世の中にはないより進歩した社会を作るための教育を受けさせなければならない。そのために学問的、科学的内容が中心の教育を推し進めてきたのである。それと同時に、子どもには教育を受ける権利があり、それを実現させるために学校があり、教師がいると捉えられてきた。

　しかし、右肩上がりの高度経済成長を過ぎ、バブル崩壊を経験し、グローバル社会が到来すると、いわゆる進歩主義的な考えは現実味を持たなくなった。

　しかし、啓蒙思想にはもう一つの側面がある。それは、学校教育は子どもを大人にしていくということである。「子どもと大人は違う」という感覚はごくあたりまえであるが、実はこれが一般化したのはそんなに古いことではなく、近代社会が成立してからのことである。それまでは、人の一生のなかに「子ども」という特別の価値をもった時期は認められていなかったし、飢えと貧困のなか、子どもは「小さい大人」として扱われ、身体的・体力的に少しでも働けるようになれば、すぐに大人と同じように労働を行うことが当たり前であった。

　教育史上、子どもの発見者として有名なジャン＝ジャック・ルソー（1712-1778）は、彼の主著である『エミール』で、「人は子どもというものを知らない。子どもについて、まちがった観念をもっているので、議論を進めれば進めるほど迷路にはいりこむ。このうえなく賢明な人々でさえ、大人が知らなければならないことに熱中して、子どもにはなにが学べるかを考えない。かれらは子どものうちに大人を求め、大人になるまえに子どもがどういうものであるかを考えない。」（ルソー，1962）

と述べている。

　ルソーは、子どもが持つ大人とは違う特性や能力を大人は理解していないと批判し人の一生のなかで固有の意味をもった時期として子ども期を捉え、子どものための独自の教育の必要性を説いたのである。ルソーの「子どもの発見」と17世紀後半からの市民革命や宗教改革、教育制度の整備とが結びつき、学校教育の発展の根本思想となった。

　18世紀の「子どもの発見」により、子どもの人権や権利、安全が唱えられるようになったが、現実的にそれが確保されたわけではない。産業革命の時代、庶民の子どもたちは、4〜5歳の頃から過酷な労働を強いられていた。

　19世紀に入ると、公教育が一気に広まり、学校教育を中核とした近代教育が展開し、子どもは大人の社会とは隔離された学校という子どものための世界において教育を受け、立派な大人になることを目指してきた。

　現在も、その思想は受け継がれており、子どもの間は、成長に望ましい環境に身をおき、子どもとして受けるべき教育を受けることが必要であるという理念のもと、学校教育が施されている。

2　学校の課題

　現在の学校における課題について述べておきたい。

1）学校のシステムそのものが抱える課題

　学校は、本来、社会と隔離して子どもたちを教育する場として設定され、運営されてきた。しかし、今やテレビやインターネット、スマートフォン、SNSなどが子どもの世界にまで普及し、学校と社会、児童・生徒と大人を隔離することは、ほとんど不可能な状況であり、子どもたちは大人以上にありとあらゆる情報を得ているのが現状である。そういう意味において学校の意義が薄れてきている。

　また、近代の公教育は、ナショナリズムの高揚とともに、国民の能力を高めるために行われるようになった。したがって、極端に言えば、近代以降の学校は、全ての児童・生徒を同じカリキュラムによって同じように教育し、平常時はサラリーマン、非常時は軍人として活躍するよう

に国民を教育しようという装置である。いくら児童・生徒一人一人の個性に対応した教育といっても、システム的に限界がある。

2）教師の問題

　昔、学校は神聖な場所であり、教師は聖職者として敬われ、本人もそのように自覚して教育を行ってきた。しかし、第二次世界大戦後、「日教組」が1952年に制定し1961年に一部改正された「教師の倫理綱領」の8項に「教師は労働者である」とあるように、教師は労働者として捉えられ、子どものためより教師のためという側面が強調され教育の質の低下が起きた。その後、1966年 ILO・ユネスコ共同勧告の「教師の地位に関する勧告」において「教育の仕事は専門職とみなされるべきである」と規程されるなどの影響も含め、教師を専門職とみる考えが一般的になりつつあるが、未だに多くの問題を孕んでいる。

3）社会の変化による課題

　現代においては多くの保護者が高学歴となり、場合によっては教師より高学歴の保護者がいる時代になった。それと上記したように教師の職業観の変質と相まって、学校や先生の権威や地位が相対的に低くなった。その結果、学校や教師を信頼する保護者が少なくなり、一般論としての学校や教師ではなく、個々の教師による教育の質が問われるようになっている。また、保護者側も自己中心的で理不尽な要求や行動を起こす、いわゆるモンスターペアレンツが教育現場を乱している。しかし、モンスターペアレンツがかつて子どもの頃受けた教育こそが、わが国の学校教育であることも忘れてはいけない。

3　思春期の課題

　中学生、高校生の時期を思春期とか青年期前期というが、簡単に言えば子どもでもなく大人でもない時期である。この時期は、子どもから大人へ変わろうとする時期であり、精神的にも身体的にも非常に不安定な状態にある。

　思春期になると、今まで当たり前だった世界が当たり前でなくなる。たとえば、ある日突然、満開の桜並木を見ていて、ふと寂しくなり、今

居る場所が遠くの景色に見えてくる。今まで世界は自分を中心に広がっていた。だから何の疑いもなく、自分のまわりで咲き乱れる桜をきれいだと思って見ていたのだ。しかし、ある時、自分が存在しなくても春になれば同じように桜は咲いているのだということに気がつく。その時、私のまわりの世界が、私のまわりではなく、自分とは関係のない均質な世界に見えてくる。つまり、主観的世界観に生きていた私が、客観的世界観を知ってしまったのである。その瞬間に、自分の存在が、絶対的存在から相対的存在へと変わったのだ。この時から、「私」は自分とは何か、生きるとは何か、世界とは何か、他人とは何か、などについて、悩み始めるのである。

このように、思春期は、単に春の訪れという楽しいものだけではない。苦悩と葛藤の始まりでもあるのだ。

また、思春期になると急激に身長が伸び、体重が増えてくる。また、性機能が急速に発達する時期であり、第二次性徴が発現する。男は男性の身体、女は女性の体つきになってくる。具体的には、男子は、骨格、筋肉、性器が発育し、ひげ、わき毛、性毛が生え、声変わりが起こる。女子は、男子より少し早く第二次性徴が現れ、乳房の拡大、骨格の女性化、皮下脂肪の沈着、性毛の発生などがみられる。この時期は、誰しも自分の身体の量的および質的な変化にとまどいつつ、それを受け入れていかなければならない。しかも、第二次性徴は個人差が大きく、友人や同級生とその変化を共有することが難しいため、一人で悩んだり、誤った知識を得たり行動したりする。

そんな中で、時に、若者たちは、無気力になったり、攻撃的になったり、落ち込んだり、恐怖感にさいなまれたり、孤独感に陥ったりする。

思春期は、人生最大の分離・自立の時期であり、第二反抗期とも呼ばれる。この時期を通じて、われわれはアイデンティティの確立をめざすのであるが、現代は、それが非常に困難になっている。

私たちは、母親から生まれた。生まれる前は、母親の胎内で羊水につかり、臍の緒でつながっていた。母子一体の状態である。出産によって、強制的に母親から肉体的に分離される。しかし、この時点では生存する

こと自体はもちろんのこと心理的にも母親に依存している。たとえば、赤ちゃんは、母親にダッコされることで安心感を得ているのである。ダッコは、まさに擬似的に胎内にいる状態を再現している。ダッコされた子どもの姿は胎内にいる時とほとんど同じであり、母親の体温に触れ、母親の心地よい心臓の鼓動を聞きながら眠るのである。まさに、安らかな時間である。生後半年前後で、離乳が始まる。いわゆる乳離れということで、これも半ば強制的に母親から離される。その後、2歳くらいになると第一反抗期がおとずれる。今まで親だけしか眼中になかった子どもが、親のいうことを聞かなくなったり、親に怒られるようなことばかりをするようになったりする。これは、能動的な分離、親からの心理的分離のはじまりである。その後、親との関係を保ちながら、幼稚園や小学校で自我を形成しつつ、友達関係をつくっていく。

　そして、いよいよ中学生の頃から子どもから大人への移行がはじまり、この時期が第二反抗期といわれる時期である。ルソーが『エミール』のなかで、「わたしたちは、いわば、2回この世に生まれる。1回目は存在するために、2回目は生きるために。はじめは人間に生まれ、次には男性か女性にうまれる。」（ルソー、1962）と述べ、この時期を「第二の誕生」と呼んでいる。この第二反抗期、「第二の誕生」は、今までの発達の延長上にあるのではなく、質的に大きな変化を伴うため、不安や葛藤、恐怖が入り交じり、心理的に非常に不安定な時期である。分離という立場からみると、この時期は、「親からの分離」「社会との分離」「自己の内面と外面の分離」「男女の分離」の4つの分離が同時進行する。したがって、第一反抗期とは比べものにならないほど激動の時なのだ。

　まず、「親からの分離」についてであるが、第一反抗期の時の親からの分離とは、そのレベルが違う。中学生くらいになると親と身長も体重も変わらなくなり、自我もしっかりしてきて社会的視野も広まり自分の理想を持つようになる。また、交通機関の料金が大人になるなど社会もある程度子ども扱いしなくなる。このような変化の中で、子どもにとって親は一人の人間、あるいは大人として見えるようになってくる。親ではなく大人として見てみると今まで絶対的だと思っていた親の言動に不

満を感じたり矛盾がみつかったりするようになり、反抗や反発を繰り返す。このように心理的親離れは加速するが、一方で親に甘えたい、依存したいという気持ちも強い。高校生になると多くの場合、反抗的態度は緩和する。その後は、より広い社会や人間関係を経験することで、親ということと一人の大人であるということが本人のなかで統合していき、親子関係は良好になっていく。

　次に、「社会との分離」であるが、学校や社会に対する反抗として現れる。たとえば、学校の校則に反発し髪の毛を染め、あるいは教師に反抗して暴力をふるうなどである。また、社会に対して直接反発する形で、暴走族に入るような生徒もいる。小学校までは、何の疑いもなく学校の先生のいうとおりにしてきたし、校則や社会のルールにも従ってきたのだが、「何故守らなければいけないのか」、「何故言うことを聞かなければならないのか」という気持ちが沸いてきて、その答えが出ないから反発するのである。

　また、「内面と外面の分離」であるが、これは自分の内と外である。今までは、思ったことをしゃべり、誰にでもあまり気にせずに同じように話をしてきた。それが、相手にあわせて、まわりの状況に合わせて心の中で思っていることと違った言動をするようになる。このような自分自身に対する嫌悪感に苛まれるのがこの時期である。

　さらに、この時期は「男女の分離」が顕著になってくる。身体的には第二次性徴期に入り男女差がはっきりしてくるが、精神的にも互いが意識し合い、反発すると同時に引き合う。この頃から恋愛感情が生まれ、男女交際などもはじまる。

　このように、この時期は、身体的にも心理的にも不安定で、しかも成長していく過程であるため、「守り」が少ない。

　このような激動と不安のなかで子どもたちは大人への第一歩を踏み出しているのである。そのなかで、以下の節で述べるような様々な問題行動が起きることになる。

第2節　いじめ

1　いじめをめぐる歴史と現状

1）報告件数からみえてくること

　2015年7月に岩手県で中学2年生の男子生徒が自ら命を絶った。彼は、生活ノートなどを通じて、担任教師にいじめの被害を訴えていたが、学校はこれをいじめとして把握しておらず、文部科学省による全校調査の際にも計上されていなかった。そこで、文部科学省は、調査結果の見直しを求め、6月で締め切られていた全校調査が再度おこなわれた。すると、いじめの認知件数は約3万件も増加し、最終的な2014年度のいじめ認知件数は、小学校では過去最多の12万2千件余り、全体でも2012年度に次ぐ18万8千件余りとなった（文部科学省, 2015）。文部科学省の担当者は、再調査後の件数増加について、「いじめに対する意識が高まった結果」との肯定的なコメントを公表した。

　いじめの実態を把握することは、かように困難さを極める。それには、大きく分けて2つの理由があると考えられる。一つは、そもそもいじめとはどのような現象を指すのかという定義が曖昧なことである。これについては、次項で述べる。もう一つは、調査結果が、その時々の社会的

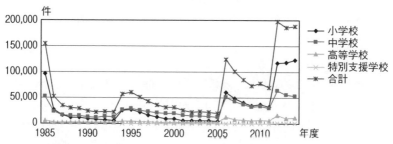

注）1993年度までの調査対象は、公立小・中・高等学校、1994年度からは、特殊教育諸学校、2006年度からは、国・私立学校、中等教育学校、2013年度からは高等学校通信制課程を含む。また、2005年度までは発生件数を、2006年度からは認知件数を表す。

出典：文部科学省

図3-2-1　いじめ認知（発生）件数の推移

な期待や圧力を反映するものとなっていることである。2014年度の場合、再調査がおこなわれた理由は、岩手のケースと同じように、学校が把握できていないいじめを掘り起こすことであり、それは調査主体である学校現場に対して一定の期待や圧力となり得る。担当者のコメントにも表されているように、件数は増えることが期待されていた。しかし、平常時であれば、いじめが多い学校が肯定的に評価されることはなく、より少ない件数が計上されることが期待されるだろう。

　2014年度の経験が初めてでないことは、いじめ認知件数の推移をみればわかる（図3-2-1を参照）。1993年度から94年度にかけて、2005年度から06年度にかけて、そして2011年度から12年度にかけて、何れも件数は急増し、その後減少傾向に転じている。1993年、2005年、2011年は、それぞれ、山形、大阪、滋賀において、いじめにかかわり子どもが亡くなるという出来事が大きく報道され、学校や教育委員会の隠蔽体質が糾弾された。すなわち、いじめは「どの子どもにも、どの学校でも起こり得る」（文部科学省, 2006）との観点から、多くのいじめを計上することにより組織の健全さを表明することが期待されていた。1993年と2005年には、いじめ定義の改定もおこなわれているが、いずれも条件を緩和しいじめを認知しやすくする内容となっている。しかし、日常を取り戻すに連れ、「いじめは人間として絶対に許されない」との観点から、適切な対策がおこなわれれば件数は減少するはずとの期待が高まり、そのことが件数の減少につながっていると考えられる。

　いじめ認知件数は、「いじめはあってはならない」と同時に「いじめがないのはおかしい」という2つの相反する圧力による二重拘束（ダブルバインド）下にあり、どちらの圧力が強まるかによって揺れ動く、一種の社会現象とみなすべきであろう。

2）いじめはどう定義され認識されてきたか

　前項でも述べた通り、いじめは1986年度に初めて明確な定義がなされて以来、二度の改定を経て現在にいたる（表3-2-1を参照）。改定の時期は、1993年と2005年、つまり、いじめが社会問題化した時期にあたることから、いじめの定義もまた、社会的な影響を受けているものである

ことがわかる。なお、調査が開始された1985年度の件数が多いのは、明確な定義が存在しなかったためと考えられている。定義される以前には、教師にとっていじめはより日常的なものであったことがうかがわれる。

　1986年度から1993年度まで8年間適用された最初のいじめの定義には、加害者と被害者との間の「非対等性」（加害行為が一方的に加えられていること）、いじめ行為の「継続性」（攻撃が継続的におこなわれていること）、「深刻性」（被害者が受けている苦痛が深刻なものであること）、そして、「事実把握」（学校がその事実を把握していること）という4つの条件が含まれていた。しかし、1993年と2005年におこなわれた改定により、すべての条件が除外され、「被害者性」（いじめの有無は被害者の立場に立っておこなう）が加えられた。現在適用されている定義では、いじめとは、「心理的、物理的な攻撃を受けたことにより、精神的な苦痛を感じているも

表3-2-1　いじめ定義の変遷

適用期間	いじめ定義の内容　　※下線は筆者による
1986-1993	自分よりも弱いものに対して<u>一方的</u>に、身体的・心理的な攻撃を<u>継続的</u>に加え、相手が<u>深刻な苦痛</u>を感じているものであって、学校としてその事実（関係児童生徒、いじめの内容等）を<u>確認</u>しているもの。なお、起こった場所は学校の内外を問わない。
1994-2005	自分よりも弱いものに対して<u>一方的</u>に、身体的・心理的な攻撃を<u>継続的</u>に加え、相手が<u>深刻な苦痛</u>を感じているもの。なお、起こった場所は学校の内外を問わない。 なお、個々の行為がいじめに当たるか否かの判断を表面的・形式的に行うことなく、<u>いじめられている児童生徒の立場に立って</u>行う。
2006-	当該児童生徒が、一定の人間関係のある者から、<u>心理的、物理的な攻撃</u>を受けたことにより、<u>精神的な苦痛</u>を感じているものとする。なお、起こった場所は学校の内外を問わない。 個々の行為が「いじめ」に当たるか否かの判断は、表面的・形式的に行うことなく、いじめられた児童生徒の立場に立って行うものとする。
2013-	児童生徒に対して、当該児童生徒が在籍する学校に在籍している等当該児童生徒と一定の人的関係のある他の児童生徒が行う<u>心理的又は物理的な影響を与える行為</u>（インターネットを通じて行われるものも含む）であって、当該行為の対象となった児童生徒が心身の苦痛を感じているもの。なお、起こった場所は学校の内外を問わない。（いじめ防止対策推進法）

の」とされている。つまり、被害者の攻撃と苦痛の認知によりいじめは定義づけられており、加害者側の意図はまったく問題とされていない。攻撃する意図のないはたらきかけにより相手が苦痛を感じる可能性は大いにあるが、それらすべてを被害者が「いじめ」と感じるとは限らない。また、周囲からみて明らかに「いじめ」がおこなわれているような場合でも、被害者はそれを否定するかも知れない。このように、いじめの範囲が拡散してとらえ難くなっていることも、被害者性が強められた一つの結果である。

　本定義は現在も適用されているが、2011年に滋賀県で起きた男子中学生の自死を契機に制定された「いじめ防止対策推進法」(2013年施行)のなかの定義では、「攻撃」が「影響を与える行為」という、さらに柔軟な表現に置き換えられ、いわゆる「ネットいじめ」を含むことが明記された。以上のことからわかるように、いじめの定義は、象徴的ないくつかの痛ましい出来事を経て、被害者性を強めてきたのである。

　いじめの認識もまた、定義と同様に変化してきた。全国調査が始まった当初、いじめは、「学校、家庭、社会それぞれの要因が複雑に絡み合った根深いもの」(文部省，1985)ととらえられていた。また、初期のいじめ研究では、いじめる者(加害者)といじめられる者(被害者)それぞれのパーソナリティ特性に焦点を当てた研究が多くおこなわれ、例えば、被害者における「依存性」、加害者における「耐性欠如」などが指摘された(杉原ら，1986など)。しかし、被害者性が強化されるに従い、特に被害者のパーソナリティ特性に焦点を当てる研究は減少し、いじめ体験とパーソナリティ特性との間に関連がないことを示す研究結果(滝，1996)が示されたことなどにより、いじめを個人の問題としてとらえようとする傾向はさらに弱まっていった。

　その後、被害者や加害者だけでなく、観衆や傍観者の役割に注目した「いじめの四層構造」論(森田ら，1986)、「拘束性」や「密着性」といった学級・学校の集団的特性がいじめを生み出していると主張する「集団風土」論(内藤，2009)が、いじめ研究の中心的な位置を占めるようになっていった。

これらのことから、いじめの認識は、被害者と加害者を中心とする個々人のパーソナリティ特性に焦点を当てた「個人モデル」から、傍観者と観衆を含む集団内の役割や関係性、さらには、そういった個々人の役割を生み出す集団全体の心性に焦点を当てた「集団モデル」へと移行してきたといえる。

3）いじめへの対策はどのように講じられてきたか

　対策は、問題の認識に基づき講じられる。いじめ問題の認識には、前項で述べたとおりさまざまなものがあり、それぞれの認識に応じた対策が提唱されている。四層構造論（森田ら，1986）の立場からは、観衆や傍観者のなかから「仲裁者」を生み出すことが、「社会的紐帯」（social bond）（T. ハーシィ）を強化し、結果的にいじめの抑止力につながると主張されている。集団風土を重視する立場（内藤，2009）からは、中長期的には、学級や学校という組織そのものを解体し、より自由な教育システムを構築すること、そして、短期的には、司法や警察など外部的介入の必要性が指摘されている。

　文部省（当時）の対応も、初期には、その認識に基づき、子ども、学校、家庭、社会それぞれに向けられたものであったが、2013年に施行された「いじめ防止対策推進法」においては、特に「いじめを行った児童等」に対して、「別室で指導を行う」、「懲戒」や「出席停止」を命じる、さらには必要に応じ「所轄警察署と連携」して対処にあたるとする厳しい対応が特に強調されたものとなっている。

2　いじめ問題がはらむ課題

1）いじめの認識にともなう課題

　現在の定義に従うならば、ある現象がいじめであることを規定し得るのは、被害者が感じている精神的苦痛のみである。これにより、傷ついている子どもや、それに気づいた周囲の子どもや大人が、躊躇することなくいじめを訴えられるようになった。

　しかし、実際には、事はそれほど単純ではない。多くの教師が、「何でも話せる雰囲気づくり」、「日記を書かせる」、「子どもと接する時間を

増やす」など、いじめを見逃さないよう日々多くの労力や時間を費やしている（秦，1999）。しかし、いじめについて「親や教師に相談する」子どもは約3割と決して多くはない。そして、教師の約4割が、「自分の学級にいじめはない」と思っている（文科省，2008）。

　社会的な期待や圧力の影響を受けるために、いじめの実態把握が容易でないことは先に述べたとおりである。自分の学級にいじめはないと考える教師は、「そうあってほしい」とか「そうでなければならない」と強く思うあまり、あってはならない現実が見えにくくなっているかも知れない。いじめに遭っていることを誰にも打ち明けられない子どもは、元気で楽しく学校へ通っているであろうとの家族の期待に応えようとしているか、あるいは、幸せな家族の子どもである自分自身を守ろうとしているのかも知れない。そのためには、自分自身に対してすら、嘘をつく必要があるだろう。どこにも居場所がなく、誰からも歓迎されていないという耐え難い事実が抑圧(1)されたとき、加害者は友人に、暴力は悪ふざけに変形される。いじめではなくふざけ合っているだけだという歪められたストーリーは、被害者にとっても必要な場合もある。そして、「抑圧」という防衛機制自体、無意識的に発動されるものであり、当人は、自身が抑圧していること自体を知ることができない。抑圧の機制が精神的苦痛に及んだならば、それを感じることもなくなってしまうのである。いじめによる自死が報じられる度に、「死ぬくらいなら逃げればいい」といったコメントが聞かれる。しかし、学校なり学級なり数名から成る集団なりが、逃げ出さなければならないようなものであるという、精神的苦痛を伴う事実を認めることは、それらを否認し抑圧に頼って何とか生き延びようとしている本人にとって決して容易なことではない。

　同じことは、親や教師にも当てはまる。1994年に、当時中学2年生の息子清輝君を自死により失った大河内祥晴氏は、20年以上経った現在でも、清輝君が家族に打ち明けられなかった理由を考え続けている。そして、同じように悩みを抱える多くの子ども達と対話を続けている。彼は、清輝君が一人で悩みを抱えなければならなかった理由について、次のように語っている。

私が思っているのは、多分、彼自身「自分でなんとかしよう」とい
う気持があったと思うんですよね。その中で、「自分だって多分なん
とかできる」、そういう気持でずっといたと思うんですよ。おそ
らくそれは考えると、自分にかえってみても、だんだん大きくなっ
ていった過程の中で、「いろいろなことがあっても自分で処理しな
くちゃいけない。自分でなんとかしなくちゃいけない」という気持
というのは、みんな持っている気持ちかな、という気がしますし、
多分彼自身も、こうなっちゃったんだけど、自分で、という気持が
ずっとあったと思うんですよね。だからお金にしても、こうやって
渡しちゃっているんだけども、それはいつか返すよ、という。「自
分で」という気持の中で、やっぱり言えなかったのかな、という気
がしていますね、それは。

（2006年1月29日放送 NHK 教育「こころの時代」より）

　清輝君は、中学2年生にふさわしい自立した息子であってほしいとい
う家族の期待に応えようとしていたのかも知れない。しかし、祥晴氏も
述べているとおり、それは「みんな持っている気持ち」であり、親とし
て子どもにそういった期待を抱くこともまた、過剰でも不自然でもない
ことである。

　いじめの認識に関しては、被害者性を強化するだけでなく、被害者が
被害者としての自覚を持つことの難しさを理解した上で、そのような場
合にもいじめを認識できるような方法を見つけなければならない。

2）いじめ対策にともなう課題

　いじめへの対策における最も大きな課題は、集団への直接的介入が困
難であるという点であろう。

　いじめの正体とは、空気です…（中略）…空気という魔物の持つ力
は実に強大です。この敵の前では、法ですら無力かもしれません。
すべてを飲み込み巨大化する恐ろしい怪物。立ち向かうどころか逃
げることさえ困難な相手です。あるいは藤井先生も、いや、加害者
である青山君たちでさえ、この怪物に飲み込まれた犠牲者なので
しょう。

（古沢・百瀬 , 2013; p. 144-145）

　前述のとおり、現在、多くの研究者は、いじめを、個人よりも集団の問題ととらえている。しかし、集団には実態がないので、直接的に介入することが難しく感じられる。例えば、我々は、森田ら（1986）のいう「仲裁者」を増やすことの難しさを知っている。「いじめは良いことだ」と答える子どもはまずいない。しかし、大人・子どもにかかわらず、個人的には望まない役割を強いられたり、集団に適応し自分自身を守るために進んで引き受けるといったことを誰もが日々経験している。集団が個人にかける圧力と、個人がそれに対抗する力との間の差は、あまりにも大きいのである。そういう意味では、加害者もまた集団の犠牲者である。しかし、語りかけるべき集団には実態がない。「いじめは絶対許されない」といった類の心理教育的プログラムには、既に知っていることを確認する以上の意味はない。いじめがない方が良いと誰もが思っている。それでもなお、いじめが存在するという事実は否認されるべきではない。そのことを認めた上での対策を講じる必要がある。

　また、内藤（2009）が主張するのは、「拘束性」や「密着性」といった悪しき集団の象徴としての学級・学校の解体であるが、そういった集団は、果たして学級や学校にしか存在しないものであろうか。集団には実態がないが、ある特性をもった集団を必要とし、作り出し、維持したり強化しているのは集団自身であり、成員としての個々人であることもまた確かなことである。「拘束性」や「密着性」は、「一蓮托生」とか「一心同体」といった言葉で容易に理想化され得る。学ぶために学級や学校が必要でないことは自明であり、インターネットは自主的な学習を大いに手助けしてくれる。しかし、そのインターネットが人と人とを繋ぐ新たなツールとなり、既に「ネットいじめ」は社会問題化している。これらのことは、人が生きていくために不可欠の他者との関係や集団の一部としていじめをとらえ直す必要性を我々に教えているのではないだろうか。

　集団への直接的介入が困難であることと、加害者への厳罰化とは無関係ではない。内藤（2009）も述べているとおり、いじめは命にかかわる

ものであり、短期的で直接的な介入を要するからである。しかし、現在おこなわれているのは、主として加害者に対する指導的介入である。「いじめ防止対策推進法」の内容をみても、加害者に対しては具体的な対応方法が複数提示してあるのとは対照的に、「いじめを受けた人」すなわち被害者に対しては、「保護」されるべき存在との言及があるのみである。加害者も集団（空気）の犠牲者に含まれるならば、指導的介入のみというのは対応として不充分である。さらに、緊急性の高さでいうならば、加害者よりも被害者への対応が優先されるべきである。

　そもそも、いじめの定義では、加害者の存在は問題にされていない。次の例のような場合、加害者を特定することは可能だろうか、また、意味のあることなのだろうか。

　　　翌日、学校に行くと、私は自分のまわりの空気が急に膨張して、私の居場所をせばめていることを肌で感じました…誰もが、何故、私をのけ者にし、ただ教室に座っているだけの私に不快感を与えようとするのか、本当のところ、解ってなどいないのです。

（山田，1991; p. 64-65）

　集団としてのいじめに加害者の存在は必ずしも必要ではない。被害者が、逃げることも打ち明けることもできず、時に自ら命を絶つに至るまで自らを追い込んでしまうのはなぜなのかを解明し、その他の方法でいじめに対処できるようになるための支援こそ最も必要とされる短期的な介入ではないだろうか。

　以上の内容をまとめると、当事者の申告に頼らないいじめ認知方法を開発すること、いじめは存在するということを前提とするいじめ対策を考案すること、そして、被害者もまた、事実を否認せず自らを追い込むことのないような支援方法を見出すことが、これからのいじめ対応に求められているといえる。

3 新たないじめ発見への取組

　最後に、筆者らの研究チームがおこなっているいじめへの取組を紹介する。本研究は、前項で挙げた問題意識に基づき、いじめの被害者を早期に発見し効果的な介入をおこなうための新たな方法の開発に関するものである。

　まず、我々は、集団の無意識に関する独自の理論を提唱した精神分析家 W.R. ビオン（1961/2016）による集団理論に基づき、いじめを、集団病理として再定義した。すなわち、いじめとは、「特定の成員が、集団や他の成員と安定した相互作用をもつことのできない集団状況」（Hafsi 他, 2014）である。本定義は、被害者の主観的な苦痛の有無、および特定の加害者の存在を含まないという特徴をもつ。

　本定義に基づき、学校生活における相互作用の程度を、能動性・受動性の両側面から測定するために、以下の方法で調査をおこなった。クラスメイト全員の氏名と、「遊んだ」「遊びたかった」「話した」「話したかった」の４項目からなる冊子を作成した。「こころのメート」と名付けた本冊子を一人１冊ずつ配布し、月曜日から金曜日までの５日間、それぞれの項目に当てはまるクラスメイトの欄に印を付けるよう依頼した。

　対象者一人一人について、能動性・受動性それぞれの相互作用得点を算出した。能動性得点は、ある成員が５日間に選択した延べ人数の１日当たりの平均値、受動性得点は、ある成員がその他の成員から５日間に選択された延べ数の１日当たりの平均値である。次に、

図３-２-２　「こころのメート」
表紙（小学生用）

クラスごとに、全成員の平均値±標準偏差（標準範囲）から逸脱している成員を抽出した。あるクラスの集計結果を図3-2-3に示す。横軸は能動性、縦軸は受動性の相互作用得点を、濃い色の帯が標準範囲を表す。帯より左下の領域にマッピングされた2名が、能動性・受動性ともに低得点の成員であり、クラス内で安定した相互作用を築くことができていない可能性が高いと考えられる。

　これまでの研究から、「こころのメート」がいじめの早期発見に役立つ一つの方法であることが分かっている。いじめに関する調査であると明示する必要がないことから、対象者に与える負担感や抵抗感が少なく、学校などで活用しやすいという利点もある。今後、いじめが起きる集団構造を明らかにし、抽出された成員、および集団全体への介入に方法を開発することが求められる。

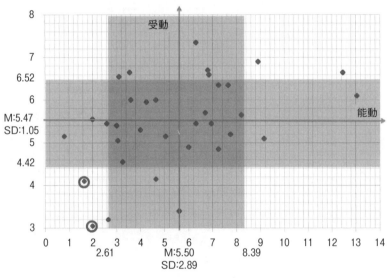

図3-2-3　「こころのメート」集計結果の例

第3節　不登校

1　導入〜空席が問いかけるもの〜

「子どもは学校に行くのが当たり前」という考えは、教育を受ける権利を享受するほど余裕のない社会、および学校以外にも教育を受けられる場が多くあるほど発展した社会においては、自明のことではない。本節で扱うのは、後者、つまり日本社会が戦後経済的発展を遂げてから以降に増加した不登校と呼ばれる現象である。それは、学校に行かない、あるいは行けない一部の子どもの問題ではない。中学校では、不登校の子どもはクラスに一人の割合で存在している。彼らの空席は、学校とは何か、また教育とは何かという問いを含んでいる。それは、教育に携わる者が常に向き合い続けなければならない問いでもある。本節の目的は、不登校を通してそのような問いを思考するための基本的な素材を提供することにある。

2　不登校認識の変遷

子どもが学校に行かないことが「不登校」（school non-attendance）と呼ばれるようになったのは1990年代のことで、それ以前には、「登校拒否」（school refusal）、さらに時代を遡ると、「学校恐怖症」（school phobia）、「怠学」（truancy）、「学校ぎらい」とさまざまな呼称が用いられていた。これらの呼称の変遷は、学校に行かないという現象の認識の移り変わりを象徴しており、それは大きく次の3段階に分けることができる。

1）怠慢と疾患の時代（1960年代後半から1980年代前半まで）

経済的成長と高学歴化が急速に進んだ1960年代、経済的事情や病気といった明確な理由をもたない長期欠席が増え始めていた。当初それは単なる怠学とみなされたが、アメリカでは既に、そのうちの神経症的な一群が「学校恐怖症」と名づけられ多くの事例が報告されていた。日本もそれにならい、1966年度以降、「学校基本調査」における長期欠席の調査理由項目に「学校ぎらい」が追加され、「病気」「経済的事情」「その

他」との4分類となった。学校ぎらいは「心理的な理由など」（文部省，1983）による長期欠席、つまり精神疾患に近いものと定義されていたが、怠学とする見方もまだ残っていた（現在でも残っているかも知れない）。また、学校ぎらいに至るには、本人の「性格傾向」や「家庭的要因が大きく影響している」と考えられていた。そこで、場合によっては家庭から引き離し、再び登校できるようになるための治療や矯正が多く行われていた。教師は、矯正の一環として「登校習慣」を形成すべく、家庭訪問などをし子どもに登校を促した。子育てに責任を感じたり周囲からの批判的な視線に耐えかね、医療機関や矯正施設に子どもを預ける家族も多かったのである。そのようななか起きた、戸塚ヨットスクール事件[2]は社会に大きな衝撃を与えた。

2）権利の時代（1980年代前半から2000年代前半まで）

　学校ぎらいの子どもが急増した1980年代前半になると、いきすぎた治療や矯正に対する反省を含め、それまでの認識や対応とは異なる考え方が現れ始めた。それは、不登校を子どもの権利・選択肢として認めるべきとするものであった。その背景には、義務教育とは子どもが教育を受ける権利を保証するものであるとのことや、それまで学校ぎらいという問題行動の原因を押しつけられてきた当事者の不満の蓄積があったと思われる。そして、学校ぎらいの子どもが増えているのは、学校に問題があるからだといった公教育に対する批判が高まっていった。

　このような考えに基づき、新たな学校ぎらい対策として、学校以外の学び場が整備されていった。1985年に、おそらく日本で初めて民間のフリースクール（以下、FS）「東京シューレ」が創設され、これに追随するかたちで、1990年に公的なFSに相当する「教育支援センター（適応指導教室）」の設置が始まった。また、「登校拒否はどの子どもにも起こり得るもので…病状であるととらえることは適切でな」く、「学校生活上の問題が起因して不登校になってしまう場合がしばしばみられる」（文部省，1992; p. 16）とその認識が改められたことに伴い、「登校刺激」を控え見守る姿勢が教師の間に広まっていった。90年代によく用いられた「登校拒否」という呼称には、学校に「行けない」のではなく「行か

ない」のだという、権利・選択としての不登校を強調する姿勢が象徴されている。

2014年現在、FS は全国に500カ所、教育支援センターは1,300カ所ほどあり、それらへの通所日数が在籍校への「出席扱い」として認められる場合があるが、今後 FS を正式な教育機関として認める方向で審議が行われている。そうなれば、一部の FS 関係者が主張するように、学校に行けなくなってから選ばれるのではなく、学校と同等の選択肢として FS が位置づけられる日が実現するかも知れない。

3）現象の時代（2000年代前半以降）

1998年度以降、「学校基本調査」の調査項目が「学校ぎらい」から「不登校」に改められ、「何らかの…要因・背景により、登校しないあるいはしたくともできない状況」と定義の見直しも行われた。当時は、過剰に不登校の権利や正当性を主張する立場とそれに対立する立場とが混在していたため、偏った評価を避け、単に学校に行っていないという状態像を表すものに用語も定義も改められる必要があったものと考えられる。なお、前者の立場には、例えば「腐敗した社会や、自由を許さない強圧的な学校…に背を向ける…子どもたちの感覚こそ正常」（竹見,

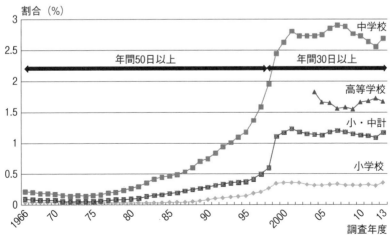

図3-3-1 「不登校」を理由とする長期欠席児童・生徒の全体に占める割合

1993; p. 163）であるとか、「不登校の子どもたちの生き様そのものが新しい文化を創造している」（笑う不登校編集委員会，1999; p. 231）といった主張や「不登校の子どもの権利宣言」（2009）などが、後者には、見守ることの重要性を強調することが問題を放置してよいとの誤解を生んだ可能性があるとして、「働きかけることや関わりをもつことの重要性」（文部科学省，2003）が再び見直されるようになっていったことなどが挙げられる。

　そのようななかで、2000年代に入ると小・中学生全体の不登校率が1％を越え、2004年度からは高等学校の不登校率も調査対象に加えられることになった。1学級の人数を35名程度と考えると、2013年度現在、中学校では1学級、高等学校では1.5学級、小学校では9学級に1名程度不登校の児童・生徒がいる計算になる（図3-3-1を参照）。但し、出席として扱われる別室登校や、上に述べた「出席扱い」は除外されるため、これらの数値が現状を正確に反映しているとは言い切れないかも知れない。

3　不登校問題にかかわる新たな課題（2000年代後半以降）

　不登校への理解が進むにつれて、新たな課題が顕在化してきた。それは、次の2つに集約される。

1）教育格差にかかわる課題

　FSを教育機関として認める動きがあることは前項で述べたが、学校とFSで行われている教育内容は、実際のところ、かなり大きく異なっている。それは、そもそも不登校の子どもが通える場所であることを優先した結果でもあるが、それだけでなく、多くのFSが教育理念として掲げている、子どもの主体性を重視した教育内容を実践しているためでもある。分かりやすい例を挙げれば、FSには学校のような固定的なカリキュラムは設けられておらず、出席することが奨励されているわけでもない。何をどのように学ぶのか、そして出席するかしないかを子ども自身が考え決定することが求められ尊重されているのである。先に紹介したFS「東京シューレ」を母体とする「東京シューレ葛飾中学校」は、

教育特区[4]に採択され学校として認可を受けているが、そこでも基本的な考え方は変わらない。この学校は、文部科学省から「不登校児童生徒等を対象とした特別の教育課程の編成」指定を受けており、中学校3年間のいわゆる5教科の授業時間数は、学習指導要領の規定、すなわち通常学校で行われる授業時間数1,925時間に対して、約半分の1,050時間となっている。

　もちろん、FSでは学習指導要領に収まらないさまざまな教育が実践されており、授業時間数だけで教育内容を比較することはできない。しかし、「ゆとり教育の反省」というとき常に指摘されるように、子どもの主体性を重視する教育が、全体的な学力低下を招き、内部では格差を拡大させることを懸念する見方があるのも事実である。飯塚と谷口（2004）は、対象を不登校の子どもに限定した学校をつくることが、「競争主義からの脱落を一条校という正式な形で受容することを制度化することで、不適応児童生徒を公立学校からダンピングし、結果的に一元的能力主義を補完する…教育の多層化」を導くと指摘している。

2）不登校"後"にかかわる課題

　FSに通う子どもが、学校と無縁の生活をしているにもかかわらず、自己紹介をする時にはなぜか年齢でなく学年を言ってしまうと言うのを聞いたことがある。このことは、私たちが社会との繋がりを実感し居場所を見出すために、所属していると明言できる対象が重要であるとのことについて考えさせてくれる。不登校の子どもの居場所は、ここ30年の間にずいぶん整備されてきた。自分のペースで卒業までのスケジュールを組みやすい単位制の高等学校も増えてきており、そういう意味では大学もある程度過ごしやすい場であるといえるかも知れない。しかし、いずれ学校を出なければならないときがやってくる。学校に所属しなくなり「不登校生」の肩書きを失った後の居場所は準備されているのだろうか。

　いわゆる「社会的引きこもり」とは、社会に安定した居場所を見出せない状態像の一つと考えられる。調査結果によれば、引きこもりの人のうちの23.7％が小・中学校時代（内閣府，2010）に不登校を経験してお

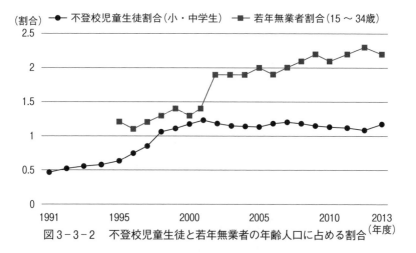

（割合）　—●—　不登校児童生徒割合（小・中学生）　—■—　若年無業者割合（15〜34歳）

図3-3-2　不登校児童生徒と若年無業者の年齢人口に占める割合（年度）

り、高校・短大・大学を合わせると61.4％にもなる（伊藤ら，2003）。このことは、不登校経験者のなかに、学校だけでなく社会に居場所を見出せないまま引きこもり状態となる人が一定の割合で存在することを示唆している。広義の引きこもり[5]は約70万人存在するといわれるが、その他にも、若年無業者（ニート）やフリーター[6]といった社会的に不安定な立場におかれている人が存在する。図3-3-2は、若年無業者と不登校の割合を表したものであるが、不登校の増加に引き続くようなかたちで若年無業者が増加している様子がみてとれる。

　不登校は、学校だけでなく社会とつながることの問題であり、学校に属している間だけの問題ではない。そういった立場から、権利・選択肢としての不登校という考え方は、当事者のつながれなさやそれに伴う苦しみや葛藤を置き去りにした「明るい不登校の物語」（貴戸・常野，2005; p. 146）、すなわち幻想に過ぎないのではないかという疑問が提示されている。不登校経験者でもある常野は言う。「僕は今、自分の生きづらさをうまく埋解することができない。そのことは、かつて〈明るい登校拒否児〉になるために、自分の中にあった暗い負の側面を切り落としてしまったことと関わりがあるような気がする…リアリティーのないハッピーエンドはもうたくさんだ。逆に僕は、こう言いたい。登校拒否は不

自由だ。登校拒否は暗く、汚く、臭い。そして、そのようなものとしての登校拒否を肯定するのだ／肯定できるだろうか、と」(pp. 146-7)。あらゆる幻想は必要性があって生み出され、彼ら自身それにより救われた側面もありながら、幻想を維持するために自己の一部を切り落とさなければならなかったという意味では、同時にその被害者でもあったということを、彼は言いたいのではないだろうか。最終項では、切り落とされた部分を適切な場所に収めていくための方法について考えてみたい。

4　不登校というつながり方からその先へ

1）負の側面の行方

　かつて、不登校は病気とみなされていた。それが正常な選択肢であり批判されるべきは学校だという見方が1990年代以降優勢になっていった。このことは、当事者を一方的な圧力から解放したが、不登校問題の負の側面が当事者から学校・公教育へと移動しただけであるならば、一方が間違いで他方は正しいという幻想的な物語に頼り現実に向き合うことを回避してきたという意味で状況は変わっていないともいえる。

　前述したように、不登校をつながりの問題としてとらえ直し、それぞれが負の側面を引き受け向き合うことが、この課題を乗り越えるために必要なことであると考えられる。

2）不登校という学校とのつながり方

　ハフシ（2010）は、人と対象との心的なつながりが「原子価」（valency）によって成り立っていると考えた。原子価とは、人が対象とつながるために用いる無意識的な心的手段である。原子価には４つの類型（依存、闘争、逃避、つがい；表3-3-1参照）があり、対象と安定したつながりを保持するためには、対象とつながるために主として用いられる１つの「活動的原子価」（active valency）と、それによって対象とつながることができないときに用いられる、その他の「補助的原子価」（auxiliary valency）から成る多原子価的構造を要する。活動的原子価はその人らしさを主に特徴づけるものであり、活動的原子価がなければ、その人はどういう人なのかを周囲は把握できず、どう付き合って良いか

表3-3-1　各原子価類型の特徴

依存原子価	闘争原子価	逃避原子価	つがい原子価
・他者を頼る ・他者の面倒をみる ・低い自己評価 ・外的評価の重視 ・高い信頼性・共感性 ・縦的関係を築く	・自己主張する ・意見を要求する ・高い自己評価 ・高いライバル意識 ・高い達成欲求 ・集団凝集性の重視	・消極的 ・表面的関係を好む ・逆依存（遠慮）する ・葛藤を回避する ・距離をおく ・観察力	・親密性 ・強い好奇心 ・自己アピール ・少人数を好む ・挑発的態度 ・平等主義

分からないと感じられるようになるため、安定したつながりを築くことが難しい。補助的原子価がなければ、相手や状況にかかわらず活動的原子価のみに頼って関係を築かなければならないため、結果的に安定したつながりを築くことができない。

　不登校という学校とのつながり方は、学校という対象との間に葛藤が生じないよう距離をおいていることから、逃避（flight）原子価によるものと考えられる。FSの多くが自由や自主性を重んじているが、そうすることによって葛藤を回避し他の人や組織と距離をおけることから、逃避原子価によるつながりを築きやすい環境であるといえる。学校は、FSと異なり、多くの規則や教師の指示に従ったり（依存原子価によるつながり）、親密な友人関係を築いたり（つがい原子価によるつながり）、気に入らないことがあればそれを相手に伝えたり（闘争原子価によるつながり）しなければならない。学校に行くことはできないがFSに通うことはできるという場合、逃避原子価以外の原子価が脆弱なために、逃避原子価のみによって対象と繋がろうとする原子価構造を有していると考えられる。そうであるならば、原子価構造を修正すること、つまり逃避以外の原子価によって対象と繋がれるようになることが、学校だけでなくどのような環境においても安定した居場所を得るために必要となるだろう（黒崎，2009）。

　筆者が出会った中学1年生の女子生徒は、勉強で分からないことがあっても「先生に質問をするくらいなら何時間かかっても自分の力で解

きたい」と言っていた。また、道徳の授業で作文を書く際に、「先生は自由に書けばいいと言うけど、正直に自分の考えを書いたら注意された。だからもう書かない」と言っていた。彼女は別室登校生であったが、一所懸命学校のことを考えていた。恐らく教室で問題なく授業を受けられる多くの子どもよりも学校について考えていた。彼女が自分の力で問題を解こうとすること（逆依存傾向）や、自明とされていることを疑う姿勢をもつこと（観察力）は、彼女が逃避原子価により自分らしく学校や社会とつながり生きていくのを支えてくれるものに違いない。しかし、実際には、彼女は、分からない問題を放置していたために学習意欲が低下し、道徳の授業に対する不満を契機として、担任の教師をほとんど信頼できなくなっていた。そして、自分が望んでいることとおこなっていることとの不一致に苦しんでもいた。彼女が、依存原子価を用いて教師に質問をしたり、闘争原子価を用いて疑問を表明する機会を持つことができれば、彼女の生きづらさが多少は緩和されていくかも知れない。

3）受容されない成員が存在する集団としての学校

　FSと学校との相違点は、厳密には、不登校の子どもの原子価構造と学校が有する組織の心性との相互作用によって説明されなければならない。つまり、逃避原子価の成員が適応し辛い集団は、逃避原子価によるつながりを受容しにくい集団心性を有していると考えられる。補助的原子価が充分に備わっていなかったとしても、学校が逃避原子価によるつながりに寛容であれば、居場所を見出すことができるかも知れない。別室登校や家庭学習を「出席扱い」とする試みは、逃避原子価への許容度を高める試みの一つと考えられるが、それらが学校適応の一つのあり方として充分に認知され受容された上で運用されているかといえば、そこまで至ってはいないだろう。例えば、教師であるあなたが休憩時間ふと教室をのぞき、図3-3-3のような場面を目撃したとしよう。友だちと談笑している生徒と一人で読書をしている生徒がいる。それが、活動的原子価の類型により、それぞれ異なるやり方で、しかし集団に参加し他者と繋がるという意味ではまったく同等に彼らなりのやり方で適応しようとしているのだと理解することは難しいかも知れない。子ども達が

図3-3-3　ある教室での一場面（描画：吉住久子）

「ぼっち」を恐れるのは、一人でいるという逃避原子価によるつながり方が、学校という集団では異物として扱われている実感に基づいているのだろう。友だちと一緒にしかいられない人は、一人でしかいられない人と、補助的原子価が欠如しているという意味ではまったく同等に「気になる生徒」の資格を有するが、前者は後者に比べ学校生活においてはより適応的に評価されがちである。

　原子価によるつながりと集団心性における柔軟性を一つの手がかりとして、不登校だからではなく、それぞれの子どもが抱える課題に向き合いそれを各自が乗り越えていけるための支援、そして、学級・学校に空席を提供している不登校者を統合していくことが求められている。

第4節　非行と予防

　この章では非行について考えたい。まずは、非行の定義について確認し、最近の動向や非行少年への処遇を見てみる。次に非行の背景へと目を向け、非行少年への理解、それに基づく対応や予防的なかかわりについて考えてみたい。

1　非行とは

　社会での非道徳的・反社会的とみなされる行為を指すが、一般的には成人が法を犯した場合を犯罪と言い、未成年の場合に非行という用語を使う。

　少年法においては、20歳未満の者を少年とよび、14歳以上で罪を犯した少年を「犯罪少年」、14歳未満で刑罰法令に触れる行為があった者を「触法少年」という。また、保護者の正当な監督に服さない、正当な理由がないのに家に寄り付かない、犯罪性のある者と交際する、いかがわしい場所に出入りする、自己や他者の徳性を害する行為をする性癖があるなど、将来的に罪を犯すおそれのある者を「ぐ犯少年」という。これらを総称して、「非行少年」とよぶ。

2　少年非行の動向と処遇

　非行は時代を反映するように、時代とともにその特徴は変化する。図3−4−1より、戦後の刑法犯少年検挙人員の推移を見ると、3つの大きな波があることがわかる。第1期は昭和26年、第2期は昭和39年、第3期は昭和58年をピークとする。第1期は「貧困型非行」と呼ばれる。戦後の混乱期であり、窃盗や横領、強盗など、生きるための非行行為といえるだろう。第2期は「反抗型非行」と呼ばれる。高度経済成長に向かう時代であり、それまでとは異なり、豊かさと貧しさとの間に差が見られるようになり、暴行、傷害、恐喝、強姦など、社会への敵意が行動化されたような粗暴な非行へと変化した。第3期は「学校型非行」と呼ばれる。教育環境が変わり、「受験戦争」が象徴するように教育に対する親の期待は高くなり、まわりから遅れをとることへの強い不安を抱えるようになった。学習に追われるばかりで自分の目標を見失い、生きる手応えを探すかのように、万引きや自転車盗、オートバイ盗など「遊び型」と言われる遊びの延長のような非行が増加した。これは「初発型非行」とも言われ、遊びの延長だから放っておいてよいことはもちろんなく、深刻化すると恐喝や強盗へとエスカレートする危険があることを示

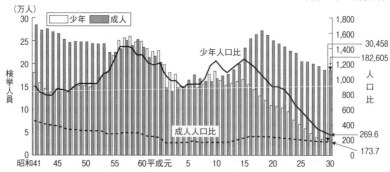

注）1　警察庁の統計、警察庁交通局の資料及び総務省統計局の人口資料による。
　　2　犯行時の年齢による。ただし、検挙時に20歳以上であった者は、成人として計上している。
　　3　触法少年の補導人員を含む。
　　4　「少年人口比」は、10歳以上の少年10万人当たりの、「成人人口比」は、成人10万人当たりの、それぞれの検挙人員である。
　　5　①において、昭和45年以降は、過失運転致死傷等による触法少年を除く。
　　6　②において、平成14年から26年は、危険運転致死傷を含む。

図3-4-1　昭和41年以降における刑法犯少年の検挙人員及び人口比の推移
　　　　　（「令和元年版　犯罪白書」より引用）

している。また、この時期には昭和58年をピークとした校内暴力が社会問題になっている。平成10年にも波が見られるが、それを第4期として「いきなり型非行」ととらえる見方もある（廣井2002）。平成9年に起きた神戸児童連続殺傷事件をはじめとした少年たちによる凶悪事件が頻発したが、彼らには過去に補導歴や非行歴がないという特徴が見られる。

　検挙人員自体は、昭和59年頃より減少傾向にあり、平成30年は戦後最少となっている。図3-4-1を見ると人口比（同年齢層の人口1000人当たりの検挙人員）について、成人のそれと比較すると平成において最も高かった平成15年の5分の1に減少し、平成30年では成人における人口比の1.6倍となっている。罪種別では、窃盗犯がもっとも多く、初発型非行が刑法犯少年総数に占める割合は7割強である。ただし、初発型非行も平成16年以降は減少傾向にある。

　次に校内暴力、いじめ、家庭内暴力における動向を見てみたい。

まずは校内暴力を見てみると、校内暴力事件で補導された件数は昭和56年をピークに減少傾向にあり、平成30年は668件（前年比6.8％減）である。しかし、小学生が150人と高校生の件数を上回るようになっていることは注目に値する。

　いじめによる検挙、補導件数は平成25年をピークに減少傾向にあり、平成30年は事件数152件、検挙、補導人員229人であったが、文部科学省の調査によるといじめの件数は54万件以上であり、被害の大きい「重大事態」も602件と過去最多となっている。学校現場で教師に求められる課題の性質は確実に変化していることがわかる。

　次に家庭内暴力を見てみると、平成30年度に少年相談や補導活動等を通じて警察が認知した家庭内暴力は3,365件であった。父親や兄弟姉妹への暴力はどちらも2割に満たないが、そのうちの6割以上が母親に対する暴力である。これらの数字は警察が認知した限りであり、氷山の一角でしかないだろう。家庭内暴力は中学生までにはじまっているケースが半数以上であり、件数の上でも中学生の時期がピークである。中には、1年以上の長期にわたるケースもある。

　次に非行少年がどのように処遇されるのかを見てみたい。

　少年が罪を犯した場合、まずは家庭裁判所に送致される。処罰を目的とした「裁判」とは異なり、少年の「保護」を原則とするため、「家庭裁判所」での審判に付される。家庭裁判所では、調査官による調査をふまえ、審判を開始するか否かが決定され、必要な場合は少年鑑別所に資質鑑定を求めることになる。ただし、重大な犯罪行為により家庭裁判所により刑事処分相当と判断された場合は、検察官に送致される。

　触法少年やぐ犯少年は児童相談所で助言指導、継続指導、児童福祉司指導などが行われ、一部の少年は自立支援施設や児童養護施設に措置される。

　非行少年の処遇過程では、保護という観点が重視され、司法的機能とともに福祉的機能がとられる。つまり、少年の健全な育成を目指し、教育や保護を提供し、少年自身の改善や更正を促すことを重視する。その

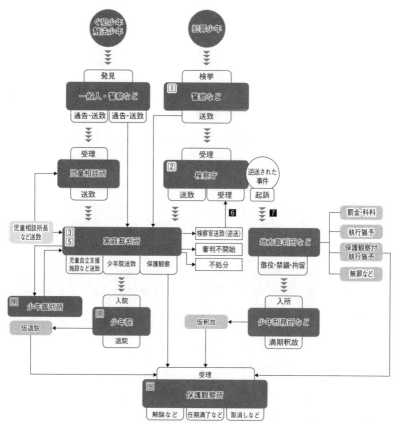

図3-4-2　非行少年に対する手続きの流れ（法務省パンフレットより引用）

ためには、非行に至るまでのプロセスをその少年の資質や成育環境から理解し、反省を深め、再び罪を犯さないで暮らしていけるよう援助していくことになる。

3　非行の発生を理解する視点

　ひとことで「非行」や「非行少年」と言っても、反社会性の程度にも差があり、段階的な違いもある。違法な行為に対して、制裁を加えることは必要である。しかし、非行を繰り返すのは、衝動性や攻撃性が高く、他者への共感性の低さからであると決め込み、指導し抑制することを求めるだけの「問題行動」として見るだけでなく、「どうしてこのような行為に至ったのか」と理解する視点も必要となる。

　非行は単独よりも複数、もしくは集団で生じやすい。家庭や学校にも居場所が見つけられず、孤立する不安を抱く中で不良集団と親密になっていくプロセスは想像に難くない。そのような集団は罪悪感を伴うような行動を繰り返すことでより凝集性は高まり、欲求不満やイライラ感、不安感からますますそのような仲間と一緒にいることに落ち着きを見つけることになるだろう。彼らのことを理解しようと試みるとき、このように居場所がない、不安やイライラ感が高いなど、非行の発生過程に目を向ける必要がある。家庭に不和があるのか、友人から孤立しているのか、学業についていけず将来にも目標を持てないのかなどと、考えをめぐらせてみることで彼らの理解へとつながるのではないだろうか。

　橋本（2004）は非行の背景には虐待環境が見られると述べ、虐待から非行へ進んでいくプロセスを論じており、虐待が根底にある非行を4つのタイプに分けている。

　これらのすべてが回避行動から生じている。家庭に虐待が起こっている場合は、家庭での生活はとても緊張した雰囲気であり、ピリピリした空気が流れている。そのような息が詰まるような場所から外に出て解放を求める。万引きやバイクでの暴走行為により、虐待の苦痛を発散し、より刺激の強い非行へとエスカレートしていく。虐待からの回避行動からはじまったものが、不適応さを増していき、回避という意味が薄らぎ、

表3-4-1　四つの非行タイプとその内容（橋本，2004）

虐待回避型非行	家出や金品持ち出しなどの問題行動、万引きやひったくりなどの財産犯、無免許運転や暴走行為などの交通犯罪を中心とする非行タイプ
暴力粗暴型非行	器物損壊、暴力行為、傷害、恐喝などの暴力を伴う粗暴な犯罪を中心とする非行タイプ
薬物依存型非行	覚せい剤、シンナー、マリファナなどの薬物を使用するなどの薬物への依存を中心とする非行タイプ
性的逸脱型非行	援助交際や売春など性的逸脱や性的犯罪を中心とする非行タイプ

非行色を強めていくのが虐待回避型非行といわれる。

　暴力粗暴型非行では、暴力的なかかわりをする親の行動を学習し、同一化するようになる。本来、愛情に満ちたかかわりが期待される親子関係において、愛情や関心よりも暴力や暴言が子どもに向けられると、自尊感情は育ちにくい。弱い自分を認めがたく、むしろ、それは危険とすら感じられる。このような特徴は対人関係において、支配的に振る舞い、必要以上に自分を強く見せようと意気込むことになる。暴力粗暴型非行では、愛情を求め、援助を受けることは支配され、自分の弱みを握られるような体験となるため、大人を寄せ付けないような態度は、その傷つきやすい部分を回避するための鎧とも理解できる。

　薬物依存型非行は、辛い現実からの回避であると言える。単独で薬物に手を出すケースは稀であり、虐待からの回避行動として、そのような仲間に参加するようになり、不良仲間と親密になる中で薬物にも親しんでいくことが多い。そこには仲間との一体感もあり、疎外感や孤独感を解消できる。虐待を受けることで、愛されない自分は悪い子だからと悪い自己イメージを形成し、悪い自分を傷つけるように、悪い自分を罰するように薬物を使用するケースもある。

　性的逸脱型非行は、性虐待の被害体験と深くかかわることが多い。性虐待を受けた子どもの中には自分は「汚れてしまった身体」と認識する者が少なくない。そのような自分を大切にすることができず、さらに自分を傷つけるように不特定多数と性的関係を繰り返す。また、性虐待の

加害者は性的関係が愛情表現の一つであるかのようなメッセージを送るため、性的関係を結ばないと相手が自分から離れてしまうと不安になる。そのような分離不安を回避する意味もある。さらに、性が居場所を確保するための道具となり、家庭を回避し生きていくために、自分の性を売り物にする場合もある。

　以上、虐待からの回避という視点から非行の発生を概観した。しかし、単に虐待環境からの回避だけでなく、虐待を受けたことで形成された自己イメージや孤独感や不安など自らの感情から回避するために、回避的行動がとられ、それがエスカレートすることで非行色を強めるといわれる。このような理解に立つと、居場所となるような環境づくりや関係づくりが必要であり、非行を起こす生徒たちの中には、それを強く求めている者がいることを知っておくことは重要である。

4　非行への対応と予防

　第3節で述べたように、非行が生じるには家庭要因が大きく影響している。家庭環境に目を向けるにしても、虐待が起こっているかどうかだけでなく、生徒にとって家庭が居場所になっているか、親から関心が向けられているか、コミュニケーションがとれているかなど、さまざまな因子を考慮しなければならない。また、生徒の性格特性や発達の側面も考慮する必要があるだろう。自らが非行に及ぶことはないが、仲間に誘われるように、もしくは、巻き込まれるようにして非行に及ぶ知的障害を抱えた生徒は少なくないという。非行の対応と予防を考えるとき、早期に見つけることができるかが鍵となり、そのリスクがある生徒を把握しておくことが大切になる。

　非行少年が起こす問題行動は動きが激しく、周囲に与える影響も大きいため、緊急の対応が求められるが、対応は困難を伴う。思春期の真っ只中にいる生徒たちの心の様子は嵐に喩えられるように、生徒たち自身も翻弄され、それにかかわる教師も翻弄される。それに加え、非行は暴力や性が伴うため、生徒指導を行う教師にとって、多角的に状況を観察し、適切な対応を考えるだけの余裕が与えられない場合も多い。頑張れ

ば頑張るほど、力を込めれば込めるほど、生徒は反発を強め、事態が悪化するばかりではないかと恐れる気持ちも生じるだろう。しかし、教師が自信をなくし、無力感を感じるとき、非行の背景にあり、生徒が体験している世界、つまり、劣等感や無力感に満ちた世界に近づいていると捉えることもできるだろう。そして、彼らの世界に寄り添いつつ、しっかりと地に足の着いた対応が求められる。

　そのためにはアセスメントと教師間およびその他の専門家との協働が重要となる。アセスメントは、生徒の心理面だけでなく、彼らを取り巻く環境もその対象となる。クラスやクラブでの交友関係や家庭状況、また、同じ生徒に対しても教師間で認識が異なることもある。さまざまな視点から意見を交換することで、生徒へのかかわりのヒントが見つかるであろうし、また、それを通して親や教師を含めたかかわる大人が改めて関心を向けるようになり、協働する基礎がつくられる。非行への対応の渦中にいることで観察するよりも、行動することに力点がおかれ、見通しを見失うことで教師が燃え尽きる危険もある。スクールカウンセラーなど専門家の協力を得ながら、観察し、理解し、見通しを持って対応することを心がけることが大切である。また、西田（2010）は貧困の関連を指摘し、貧困を抱える家庭では子どもへの関心が乏しく、子どもが非行をエスカレートさせるのを引き止める力の弱さを問題視している。貧困に限らず、家庭が機能不全となっている場合、親への教育的なアプローチも必要となるが、福祉的側面からの支援も必要となるだろう。

　問題が集団化し、犯罪が絡むなど深刻化した場合は、教師がチームとなって取り組むことが必要となる。特定の教師が抱え込み、他の教師が無関心な状況では、かかわる教師が持てる力を発揮することは難しい。教師といえども居場所は不可欠であり、教師を支え、協働するチームがなく、孤立無援で対応しなければいけない場合、非行の特徴にもあるように、指導する関係が力関係に陥りやすい状況をつくることになる。また、学校だけで対応しきれない場合は、児童相談所や警察とも連携し、対応していく必要がある。

注

（ 1 ） **抑圧**：自我の防衛機制の一つ。意識することに苦痛を伴う欲求や情緒や記憶を意識領域から無意識領域へと抑え込むこと。

（ 2 ） **戸塚ヨットスクール**：不登校の子どもを受け入れていた戸塚ヨットスクール（愛知県）で、複数の訓練生が死亡・行方不明となっていることが1983年に発覚し、 1 名の死亡について傷害致死が認められ校長とコーチ15名が有罪判決を受けた事件。

（ 3 ） **出席扱い**：1992年度より小・中学校を対象に始められ、2005年度からは自宅でのIT等を活用した学習活動が、2010年度からは高等学校が対象に加えられた。小・中17,000名程度、高等学校では300名程度が該当（2014年度）する。

（ 4 ） **教育特区**：「構造改革特別区域法」第二条に規定される、従来法規制等の関係で事業化が不可能な事業を、特別に行うことが可能になる地域のうち、文部科学省管轄のもの。学習指導要領によらない多様なカリキュラム編成、株式会社による学校設置の容認など23項目の特例措置が設けられている。

（ 5 ） **社会的ひきこもり**：「ふだんは家にいるが近所のコンビニなどには出かける」「自室からは出るが家からは出ない」「自室からほとんど出ない」に該当する「狭義のひきこもり」（23.6万人）と「ふだんは家にいるが自分の趣味に関する用事の時だけ外出する」「準ひきこもり」（46.0万人）を合わせた者の数（69.6万人）を指す（内閣府，2010）。

（ 6 ） **若年無業者・フリーター**：15から34歳の非労働力人口のうち家事も通学もしていない者で、約62万人、フリーターは、15から34歳の卒業者（女性は未婚者）のうち、雇用形態もしくは探している仕事の形態が「パート・アルバイト」の者で、約180万人存在する（同上）。

文献

ルソー（1962）『エミール〈上〉』 岩波書店.

Bion, W. R. (1961) *Experiences in Groups: and Other Papers.* New York: Basic Books. メッド・ハフシ監訳（2016）集団の経験：ビオンの精神分析的集団論 金剛出版.

ハフシ・メッド（2010）『「絆」の精神分析——ビオンの原子価の概念から「原子価論」への旅路』 ナカニシヤ出版.

Hafsi, M.・黒崎優美・二村元康・福島恵（2014）「いじめ」早期発見のための試験的研究．日本心理臨床学会第33回秋季大会（ポスター発表）．

泰政春（1999）いじめ問題と教師：いじめ問題に関する調査研究Ⅱ　大阪大学人間科学部紀要　pp.235-258.

古沢良太・百瀬しのぶ（2013）『リーガルハイＳＰ』　扶桑社．

大河内祥晴（2006）息子をなくした父として　ＮＨＫ教育　こころの時代．

飯塚真也・谷口聡（2004）特区制度による集権的構造改革──教育特区の実態を通して　東京250　pp. 2-10　東京自治問題研究所．

伊藤順一郎他（2003）「社会的ひきこもり」に関する相談・援助状況実態調査報告（ガイドライン公開版）．

貴戸理恵・常野雄次郎（2005）『不登校、選んだわけじゃないんだぜ！』　理論社．

黒崎優美（2009）家族グループにおける不登校の発生機序に関する研究──不登校経験者から得られた素材を用いて　人間文化26　pp. 15-30　神戸学院大学人文学会．

文部科学省（2003）今後の不登校への対応の在り方について．

文部科学省（2015）平成26年度「児童生徒の問題行動等生徒指導上の諸問題に関する調査」における「いじめ」に関する調査等結果について　http://www.mext.go.jp/b_menu/houdou/27/10/1363297.htm（2015年10月１日取得）．

文部省（1983）生徒の健全育成をめぐる諸問題──登校拒否問題を中心に．

文部省（1985）児童生徒のいじめの問題に関する指導の充実について．

文部省（1992）学校不適応対策調査研究協力者会議報告　登校拒否（不登校）問題について──児童生徒の「心の居場所」づくりを目指して．

森田洋司・清水賢二（1986）『いじめ──教室の病い』　金子書房．

内閣府（2010）若者の意識に関する調査（ひきこもりに関する実態調査）．

内藤朝雄（2009）『いじめの構造──なぜ人が怪物になるのか』　講談社．

杉原一昭・宮田敬・桜井茂男（1986）「いじめっ子」と「いじめられっ子」の社会的地位とパーソナリティ特性の比較　筑波大学心理学研究8　pp. 63-71.

滝充（1996）ストレスがもたらす「いじめ」・「不登校」　教育と情報460　pp. 12-19　第一法規出版．

竹見智恵子（1993）『登校拒否はとまらない』　三一書房．

笑う不登校編集委員会編（1999）『笑う不登校』　株式会社教育史料出版会．

山田詠美（1991）『風葬の教室』　河出書房新社．

法務省 平成26年度版　犯罪白書.

前林清和・木村佐枝子・黒崎優美・荒屋昌弘（2012）『体育教師のための教育カウンセリング』　トゥエンティワン.

ウィニコット（1986）『家庭から社会へ』（牛島定信　監訳）　岩崎学術出版社.

生島浩（2000）:『非行傾向のある生徒と保護者のための心理教育的アプローチ』学校臨床研究1（2）東京大学

橋本和明（2004）:『虐待と非行臨床』　創元社

羽間京子（2006）:『非行等の問題行動を伴う生徒についての教師へのコンサルテーション―非行臨床心理の立場から―』千葉大学教育学部研究紀要54

法務省（2014）:平成30年版　犯罪白書

法務省（2020）:法務省パンフレット

廣井亮一（2002）:『子どもの攻撃性に関する一考察』和歌山大学教育学部教育実践総合センター紀要 No.12

警視庁生活安全局少年課（2015）:『平成26年中における少年の補導及び保護の概況』

西田芳正（2010）:『貧困・生活不安定層における子どもから大人への移行過程とその変容』犯罪社会学研究第35号

第4章

障害を持つ生徒と学校

　学校の教室には様々な子どもがいる。勉強が好きな子もいれば嫌いな子もいるし、友達作りに積極的な子もいれば消極的な子もいる。なぜこのような違いが子ども達に生まれるのだろうか？　まず、「教育環境」が重要な影響を与えていることは疑いないだろう。また、個々の子どもの「認知・社会的能力」も学業や友人関係に対する態度に影響を与える重要な要因だと考えられる。特に、「発達障害」を抱える子ども達は、その能力のアンバランスさから学校場面で様々な困難に遭遇する可能性が高い。そういった困難は多くの場合、その子ども一人では乗り越えることは難しく、そのままにしておくと、"勉強を拒む生徒"や"友達との関わり合いを避ける生徒"になってしまう可能性もある。しかし、認知面に障害を抱えるから勉強が嫌いになったり、社会面に障害を抱えるから友達を避けるかといえば、必ずしもそうではない。勉強をするかどうかは（障害があろうがなかろうが）"個々の子どもの持つ現在の能力と取り巻く環境の相互作用"によって決まる。つまり勉強が苦手でも、勉強を楽しめる環境にいれば、勉強を好きになることも十分ある（苦手と好き嫌いは必ずしも一致しない）。もちろん、友人関係においても同様のことが言えるだろう。

　では、学校場面で子ども達の教育環境を整えることができるのは誰かというと、それは教師である。また、子ども達の認知・社会能力を引き出し成長させることができるのも教師である。だが、子ども達が元々持っている特徴を教師が決めることはできない。しかし、子ども達の持っている特徴を知ることはできる。そして、その特徴に合わせて教育環境を整え、子ども達の成長を促すことが教師にはできる。とりわけ、発達障害を抱える子ども達が困難を乗り越えていけるように成長を促す

には、子ども達の持つ特徴を良く知っておく必要がある。また、特徴を理解するだけではなく、その特徴に合わせ教育環境を整える"具体的な手立て"を知っておく必要がある。すべての子ども達を共に教え育てようという世界的な流れのなか、日本でも発達障害を抱える子ども達を通常学級のなかで教えることができるように、教育システムの整備が進んでいる。この共生的な教育を実現するためには、教育を行う側も新たな知識と技術を身につけ、共に成長していく必要がある。

第1節　発達障害について

1　発達障害に関係する教育制度

　発達障害を抱える子ども達（や保護者）を取り巻く環境は、1994年の「サラマンカ声明」から始まり2014年の「障害者の権利に関する条約」の批准に至るまでの様々な教育制度の改革や法整備にともない、ここ数年で大きく変化している。そして、その中で推進されている"通常の学級ですべての子ども達に教育を提供することを前提とする"「インクルーシブ教育」は、教育に携わる者にも新たな変化を要求している。

　文部科学省はインクルーシブ教育において、"同じ場で共に学ぶことを追求するとともに、個別の教育的ニーズのある幼児児童生徒に対して、自立と社会参加を見据えて、その時点で教育的ニーズに最も的確に応える指導を提供できる、多様で柔軟な仕組みを整備することが重要である"と述べている。つまり、今までの学級全体での指導と同時に「教育的ニーズに最も的確に応える指導」と「合理的配慮」を教師に求めているのである。もちろん、多様で柔軟な"仕組み"を整備することが重要であるとしているように教師一人で全てを担うわけではないが、学級が障害を抱える子どもを含むすべての子ども達にとって、成長の場となるためには、一人一人の教育者にも理念的な変容だけではなく、新たな知識や教育技術の習得など実質的な能力の向上が求められる。

　では、「個別の教育的ニーズのある幼児・児童・生徒」とは、どのような子ども達を指しているのだろうか。広義には、「学業スキル」や

「社会スキル」の習得においてそれが遺伝子に起因するか環境に起因するかに関わらず、何らかの困難さが、見られる子どもを指す。本章のテーマは「障害を持つ生徒と学校」ではあるが、特別な援助の対象は、障害があるかどうかは関係なく、困難を克服するために特別な援助が必要かどうかで決めるべきであることはいうまでもない。しかしながら、現実には、発達障害を抱えるている子ども達が特別な教育的援助を必要としているケースは非常に多い。そのため、国は「発達障害者支援法」を2005年に施行し、"発達障害を早期に発見し、発達支援を行うことに関する国及び地方公共団体の責務"と"学校教育における発達障害者への支援"を明確化した。同法令において発達障害は、"自閉症、アスペルガー症候群その他の広汎性発達障害、学習障害、注意欠陥多動性障害その他これに類する脳機能の障害"としているが、この「発達障害」とは何なのか次に述べる。

2 発達障害の定義

2013年に DSM（精神障害の診断と統計マニュアル）が第4版から第5版に改定され、障害の分類や名称及び診断基準が変更された。教育現場で使われている「発達障害」に対応する DSM の区分についても、名称が「通常、幼児期、小児期、または青年期に初めて診断される障害」から「神経発達障害（Neurodevelopmental Disorders）」に変わった。ICD（国際疾病分類）の第10版においては「心理的発達の障害」「小児〈児童〉期及び青年期に通常発症する行動及び情緒の障害」が「発達障害」に該当するが、ICD も2015年に改訂を予定している。

DSM の新しい名称にあるように、「発達障害」の原因は（中枢）神経系の異常にあると考えられている。しかし、診断に際しては脳活動や神経の状態を測定するわけではなく、行動や社会活動に表れる特徴（症状）を基準にどの障害カテゴリーに当てはまるか判断される。つまり、インフルエンザのように原因が明確に分かっているわけではなく、今までの臨床実践や研究の蓄積から集約された行動的特徴を基に診断が行われている。また将来的に研究が進めば、DSM-Ⅳ から DSM-Ⅴ への変更

のように、障害の分類や名称、さらには診断基準さえも変更される可能性がある。つまり極端に言えば、昨日まで「自閉症スペクトラム障害」と診断されていた人が、次の日には違う障害名に変わる可能性もある。

　ここで重要なことは、日常生活で見られる行動的特徴を基に診断を行うということである。従って、ただ診断を行うだけでは診断名（ラベル）が追加されるだけで、子どもの理解には全くつながらない。診断名がわかると対処方法がわかると考えるかもしれないが、一概にはそうはいえない。なぜなら、同じ診断を下された子どもであっても、それぞれの子どもが持っている特徴は全て同じではない。加えて、たとえ似通った特徴を持っていても、生活環境や友人関係が異なれば学校生活で生じる困難は異なる。教育的な支援は、風邪薬を飲むこととは異なり、子どもの特徴と実際の生活環境を考慮し個人に合うよう組み立てる必要がある。

　教育支援は子どもの持つ行動的特徴に合わせて組み立てられる。つまり、子どもをよく見て特徴をよく知っておけば、診断名は必要がない。逆に、目の前にいる子どもを見ずに、診断名に子どもを当てはめて考えてしまうと、その子が持っていない行動的特徴に合わせた支援方法を選んでしまうかもしれない。では、教育現場では診断は全く必要ないのだろうか？　診断が無意味かというとそうではない。診断を受けた子ども達が持つ共通した特徴を理解し、同じような特徴を持つ子ども達が学校場面でどんなことに困っていたのかを知っておくことは、目の前にいる子どもを理解し支援する上でも役に立つ。診断の他のメリットは、カテゴリーごとに情報を集約できることにある。発達障害は未だ解明されていないことが多いため、研究や臨床実践を行い情報を集めなくてはならない。そこで診断カテゴリーがあれば、国を超えて教育者や研究者同士が共通の問題に取り組むことができる。これは、医者、教師、子どもの保護者が連携する際にも共通した枠組みを提供してくれるメリットにもなる。こういった理由から次節は、教育場面と関連の深い障害である「自閉症スペクトラム障害」「学習障害」「ADHD（注意欠損多動性障害）」について診断カテゴリーごとに、子ども達の持つ特徴と学校生活で見ら

れる可能性の高い困難について述べる。

第2節　自閉症スペクトラム障害

他者とのコミュニケーションや関わり合い方、自分の興味を他者と分かち合うことなどに困難が見られる。また、決まった特定の行動、活動を好んだり、興味や関心が狭かったり、日常的な活動において決まったやり方に固執したり、単純な行動を何度も繰り返すことが見られることがある。このような特徴は、「なんらかの中枢神経系の機能不全」によるものと考えられているが、原因は完全には特定されていない。さらにこの中枢神経系の障害にともない実際にどのような認知機能（心の働き）に問題が生じているのかについても、幾つかの仮説（心の理論の障害など）が提唱されているが、完全には明らかになってはいない。

1　学校における困難

学校生活の中では、友達や教師との人間関係を築く上で困難を示すことが非常に多い。その根底に、他者の感情の理解や共感に関する難しさが関係していると考えられる。自閉症スペクトラム障害を抱える児童は、他者の表情（喜怒哀楽を示す顔）をあまり見ないことがわかっている。他者と上手くコミュニケーションするためには、相手の反応に合わせて言葉や話題を選ばなくてはならないため、相手の表情に敏感である必要がある。私たちは、日常の会話で常に相手が喜ぶことを喋っているわけではなく、意図せず相手を不快にさせてしまうこともある（例えば、彼女と別れたばかりの友人に恋愛話を振ってしまうなど）。そういった場合は、相手の表情を読み取り、すぐに話題をそらしたり謝ったりするだろう。逆に、何気なく振った話題で相手が喜べば、その表情を読み取り、その話題をさらに続けたり広げたりする。しかし「他者の表情に注目する」ことが苦手な子どもは、周囲が不快になるような言動をしてしまったときも「表情に気がつかないので」修正ができず、また相手が喜ぶ会話も「表情に気がつかないので」選ぶことができないため、自分の興味のあ

る話を延々と続けてしまうかもしれない。具体的な例として、大月等（2006）の報告にある中学1年の男児Cのやり取りを紹介する。

　　男児Cは、社会スキルトレーニングの休憩時間に、突然『ちょっとみんな聞いてくれる？』『みんなの経験した怖い話を聞かせてくれないかな？』と大きな声で提案し、まわりの反応を見ずに（相手に反応する間を与えずに）『僕が知っている怖い話はね…』と5分ほど話し続け、その話が終わると同時に『もうひとつあるんだけど聞いてくれる？』と言い、また間をあけずに話はじめた。

　こういった行動は、学校場面でもよく目撃される。さらに感情の読み取りが苦手な子どもは、誤解から友達関係を悪化させてしまうことがある。例えば、自閉症ではない場合でも男の子はよく、好きな女の子にいたずらをすることがある。しかし、やり過ぎて女の子が「本気で」怒りだすとほとんどの男の子はいたずらをやめる。これは、女の子の「表面的な」反応が嬉しくていたずらをしていたが、相手の表情や行動から「心のなかの」怒りや悲しみの感情を読み取り、やめたと考えられる。もし、相手の「表面的な」反応しか見ることができず、上手く「心のなかの」気持ちを読み取ることができなければ、どうなるだろうか？　おそらく、相手が本気で怒っても「表面的な」反応が嬉しくていたずらを続けてしまうだろう。特に勉強ができる児童の場合は、周囲はわかってやっているのだろうと勘違いし、性格に問題があると間違って判断されてしまうこともある。

　自閉的な特徴を持つ子ども達は、日常会話のなかでもしばしば不自然な言葉を使うことがあり、それらは臨床研究でも報告されている。例えば、自閉症を抱える子ども達は方言を、障害を抱えていない子ども達や（自閉症ではなく）知的障害を抱える子ども達と比べても、あまり使わないという報告がある（松本&崎原, 2011）。また、会話の中で主語の逆転や助詞の使い方を間違えたり、上手く文を作ることができず困っていることもよくある。しかし、論理・文法的関係を含んだ質問には答えるこ

とができることもあることから、必ずしも頭の中で出来事を整理できていないわけではなく、ただ表現する（話す）際に間違っている子どももいるようである。このような言語表出に苦手を持った子どもは作文や日記などにおいても、書きたい（書くべき）内容がある程度思いついていたとしても、上手く表現できず困ってしまうことがある。

言葉の問題は、「こっち」「そっち」「あっち」などの指示詞の使用の間違えにも見られる。これは、話者の視点変換に対応できないためだと考えられており、自閉症の特徴である他者の心を推測することの難しさを反映していると考えられる。そのため、話者の視点取得（話し手の立場に立って考える）が難しい子どもは、指示語が多用された説明や文章では、誤って理解する可能性がある。加えて日本語は、話し言葉でも書き言葉でも主語を省略することができるため、主語を勘違いすることもある。また、他者の心を推測することが求められる物語文や「スーホの白い馬」など感情理解を目的とした課題でも躓くことが多い。

自閉的な特徴を持つ子ども達はしばしば、言葉を表面的な意味のまま受け取ってしまうことがあるが、これも心を推測することの難しさによって生じていると考えられる。たとえば、火にかけた鍋を「見ておくように」と伝えると、沸騰し煮こぼれしていてもずっと見ていたというエピソードがある。また知的能力の高い子どもは、会話に難しい用語を使用することがあるが、ニュアンス（言葉にし難いが人々が共有している感覚）を含めた内容は理解しておらず、言葉の辞書的な意味をそのまま覚え、使用しているだけであったりもする。

また、学校生活では言語的な問題以外にも、習慣や手順にこだわりが強いという特徴によって、突然の変更などには対処しにくく、不安が高まり、それがトラブルの原因となることもある。こういった、友達関係の苦手、不器用さからくる学業面での失敗、学校行事へ対応の難しさから不登校に陥ったと考えられるケースもしばしば報告されている。

2　支援方法

自閉的な特徴を持つ子ども達への支援は、他者の意図を推測しなけれ

ばいけない場面を極力減らす、つまり指示や説明を「具体化する」ことが基本となる。説明では、指示語をなるべく使わず、具体的な名詞を使う。表現も抽象的な言葉は避け「具体的な行動」で説明するようにする。特に相手の状況や文脈（話の流れなど）から子どもが他者の意図を推測しなくてはならないような言葉は使わず、状況も含めて全て具体的に話す。抽象的な概念を教えたい場合は、具体例を積み重ねたり、繰り返しの経験の中で学べる方法をとる。また、友達とのやり取りの仕方など社会スキルも、「挨拶の具体的なセリフ」なども含めて、実際にどんな行動をしたらいいかを具体的に教える。

　とは言うものの社会スキルは、状況に合わせてある程度柔軟に使用する必要がある（「いい天気ですね」というセリフは雨が降ってるときには使わないなど）。なので、社会スキルトレーニングでは、まずモデルを（やり方を演じて）見せ、それの真似をさせる。うまく真似ができればそれを褒め、さらに実際の生活のなかでの使用を促し（使用すればすかさず褒める）、対人的なやり取りのレパートリーを増やしていく。この社会スキルトレーニングで重要なのは、「真似をすることを覚えること」である。例えば、あなたは、海外のレストランで支払いをレジでするのかテーブルでするのか迷った時どうするだろうか？　おそらく、周りの様子を見て（支払いをしている人を見つけ）真似をするだろう。社会スキルの種類は膨大でまた状況に合わせ柔軟に使用しなくてはならない。そのため、一つ一つのスキルと状況の組み合わせを教えることは不可能である。そういった理由から、ただスキルを教えるのではなく、「周りの人の真似をすることをトレーニングする」ことに重点を置き、最終的には実生活でモデルとなる人を見つけ「真似をするということ」を習得させなければならない。

　自閉症スペクトラム障害を含む発達障害を抱える子ども達の支援では、「問題行動」に目が向けられることが多い。しかし、そういった"問題に見える行動"は「何をしたら良いかわからない」か「適切なやり方が身についてない」ことで生じていることが多い。故に、「何をどんなタイミングでしたら良いのか」具体的に教えることで、"問題に見える行

動”が減少することが報告されている。例えば、離席が目立つ小学校3年生男児への支援では、「説明・連絡などで理解できなかった場合には質問をする」などを学習させることにより、離席が減ったと報告されている（関戸＆田中，2010）。友人とのトラブルがあり中学校から不登校に陥った男子生徒のケースでも、その生徒の持つ他者の反応に注意を払わないという特徴に対して、「同意を求める働きかけの後に相手の反応を待ってから自分の話を始めるスキル」「相手の話を聞くスキル」などをレクリエーション活動内（探偵ごっこ）でトレーニングすることで、他者との関わり合いが改善したという報告がある（大月等，2006）。また、授業中に離席、床に寝転ぶといった行動がみられ、指示や叱責に対しては黙ったまま反応せず、さらに強く指示されると大きな声を出して泣き喚くといった反応を示していた小学5年生の児童についても、授業に参加していれば、自分で「○」と記録し（セルフモニタリング）、○がたまると家でのおやつがもらえたりクラスでお楽しみ会が開かれるという方法（トークンエコノミー）により、問題行動が減少したという報告もある（五味，大久，＆野呂，2009）。

こだわりに対する支援についても、自分の興味のあることしか行わない傾向にあり、授業やテスト場面では持続的に活動に取り組むことが困難であった小学4年生の児童に、本人が考えついた独自の解答方略を（自己教示支援シートを使い）自己管理する方法により、課題従事率とテストの点が向上したという報告がある（岡村，渡部，＆大木，2009）。また他に、視線が他者の心的な状態を推測するヒントになることを、宝探しゲームを使い教えることに成功したケースもある（西原，吉井，＆長崎，2006）。

このように現在、自閉症スペクトラム障害を抱える子ども達を支援するために様々な工夫が行われている。それらの一部は、論文として公開されているので興味があれば是非読んでほしい。また、学会発表なども精力的に行われているので、学会では実際にトレーニングやセラピーを行った時の様子を詳しく聞くことができるので、こちらもぜひ参加することをお勧めする。

第3節　学習障害

　「書字、読字、計算」など学業スキル習得における困難や学業成績の不振が見られる。医学、教育学、心理学、また国によってその定義は多少異なるが、基本的には、養育（教育）環境の問題ではなく「なんらかの中枢神経系の機能不全」により、学業スキルの習得が困難な状態をさす。以前は、「知能検査から予測される学業成績と実際の成績の差」や、「認知能力の個人内のばらつき（知能検査で得意な課題と苦手な課題の差が激しい）」を判断基準に用いていたが、知能検査から得られる情報は学習障害を捉えることに適していない可能性が高いことから、現在では学業達成度など学校場面で得られる情報が重視されてきている。また知的障害はもちろん、他の発達障害や運動障害によって2次的に生じる学業に関する困難とも明確に区別されるようになってきている。

　学業スキルのなかでも読字に困難がみられることが多く、特にアルファベットを使用する国々では報告数が多い。読字困難は、音韻認識（単語にどんな「読み」がふくまれているか理解する）能力の障害と、音韻表象の想起（「文字」から「読み」を素早く思い浮かべる）能力の障害が主たる原因だと考えられている。これについては、表記と読みが対応している「ひらがな」であっても、音韻認識の誤りや、瞬間的な読みの難さが報告されている。また、日本では漢字の書字についても困難を示すケースも見られ、視覚記憶能力の障害の可能性も示唆されている。

1　学校における困難

　学校生活では、（印字ないし板書された）文字を読むことは全ての科目で必須であり、授業以外でも時間割や掲示物を理解するために読字は必要になってくる。教科書やプリントなど書かれている文章は、各自のタイミングで読んだり、忘れた際に自分で見返したりができるが、話された言葉（言葉による指示や説明）は、録音でもしない限りは後に残らない。そのため、読字に困難がある場合は、話し言葉を短期的に記憶する能力

が超人的に優れていない限り、学校生活全般に支障が出る可能性がある。同様に書字について困難がある場合も、授業内容の板書、連絡などのメモ（連絡帳など）に加え、多くの場合テストの回答は筆記で答えるため、学校生活全般に支障が出る可能性が高い。

　しかし学習障害と診断を受けた子ども達は、完全に読字（ないし書字や計算）ができないわけではなく、習得が不完全で間違えることがあったり、読む（書く、計算する）のに時間がかかる（流暢でない）場合が多い。そのため、（時間をかければ）できるのにやらないと教師や保護者に受け取られ、「やる気がない子」だと勘違いされることもある。しかしながら、例えば1年生の児童が、他の（読むことに困難を示さない）子どもと比べ大変な労力を使って本読みをしても、教師からはその頑張ったことには注目してもらえず「まだ上手じゃないから、もっと練習しなさい」と言われ（続け）たとしたら、その児童は本読みを続けられるだろうか。読字や書字の困難は、継続した反復練習により改善することがわかっているが、周りの大人が上記のような対応をとれば練習を継続することは難しいだろう。さらには、もし多大な労力を払って本読み（や漢字の練習）をしたにもかかわらず、大人から「もっとちゃんとしなさい」など叱られることが繰り返されれば、本を読むことを避けるようになるかもしれない。つまり、学業スキルの習得や遂行の困難は障害の特徴だと考えても良いが、学業活動に従事しない（勉強をしない）ことは、この困難さと周囲の対応（教育環境）が絡み合い起きていると考えるべきである。このように学習障害の特徴（読み、書き、計算の困難）は、学業活動を直接的にも間接的にも阻害するものである。

2　支援方法

　学習障害を抱える子ども達の支援において、まず問題になるのが、実際に支援対象に当てはまるのは誰か？　ということである。学業の遅れが、環境によるものなのか中枢神経系の問題かを見極めることは難しく、どのような認知機能に問題が生じているかを判断することも教育現場で得られる情報だけでは難しい。一方で、中枢神経系や認知機能の問題で

はなく、学業スキルの伸びに注目することにより、特別なニーズがある子ども達を見つける方法もある。例えば、海津（2008）が提唱する多層指導モデルでは、1段階では、質の高い科学的根拠に基づいた指導を全ての子どもに対して通常の学級内で実施する。続く第2段階では、第1段階では十分な伸びがみられない子どもをニーズがある子どもだと捉え、通常の授業に加え補足的な指導を行う。そして、第3段階として、それでも伸びが乏しい子どもに対してより集中的な個別指導を行う（海津等, 2008）。教育現場では特に、認知機能ではなく学業スキルを重視するこういった支援対象の決定方法が適していると考えられる。

　学習障害を抱える子ども（を含む勉強が苦手な子ども）の支援では、「（同時にせずに）ひとつずつする」ことが基本となる。そして、学業支援でまず目標とするのは、勉強をする習慣を身につけさせることである。学業スキルの習得には時間がかかるため、継続しなければ（習慣化しなければ）習得も望めない。しかし、「習慣化」と「スキルの習得」を同時に行おうとすると、まだ正答できない課題を繰り返し解かせることになる。そういった課題で失敗が続けば、習慣化を妨げることになる。なので、まずは「習慣化」から始める。そのためには、まず子どもが現状で何ができていて何ができていないか明らかにする、学業スキルのアセスメントをする必要がある。そして、解くことのできる問題を見つけ、勉強することを「習慣化」をするために利用する。アセスメントでは、解くのにかかる時間にも注目する必要がある。例え正解できても時間がかる課題は、その労力が勉強を続けることを妨げてしまう可能性がある。

　「習慣化」でもう一つ大事なことは、「勉強した結果」を作ることである。勉強した結果、自然に起こる良いこと（新しい知識が身につく、成績があがる、大学受験に合格するなど）は、ほとんどの場合、手に入るまでにかなりの時間と労力を要する。時間や労力を必要とする結果は、すぐ手に入る結果と比べて、人や動物はその価値を低く感じてしまうことがわかっている（価値割引）。すぐ手に入る結果として、問題を解くことによる満足感があるが、この満足感と苦労のバランスで勉強を続けるかは決まってくるため、問題を解くのに苦労する勉強が苦手な子は習慣化

し難くなる。そこで勉強が苦手な子ががんばって勉強した時には、その苦労をした分を、周りの大人が補う必要がある。補う方法としては、しっかり褒めてあげたり、シールをあげたり、好きなハンコをノートに押したり、家庭だとおやつをあげたり、好きなおかずを夕飯に作ることなどが考えられる。

　こうして勉強する習慣が身についたら、この「労力と勉強の結果起きる良いこと」のバランスを見ながら、「スキルの習得」を目指し徐々に難しい問題に挑戦していく。新たな学業スキルの習得においても「(同時に教えず) ひとつずつ教える」ことを意識する必要がある。例えば、読字が苦手な子どもに新たに算数の文章題を教える場合では、「文章を読む」と「文章から式を立てる」という作業を行う必要がある。「式を立てる」スキルの習得が目的であれば、「文章を読む」負担をなるべく減らし「式を立てる」ことに集中できるようにしたほうが良いだろう。そのためには、文章は読み聞かせても良いし、電子テキストの音声変換 (近藤, 2012) などが利用できるかもしれない。また、書字が苦手な子どもに作文を教える際も同様である。もし「作文」を教えたいのなら、文字の綺麗さを求めない (もしくは口頭で答える) ほうが良いだろう。文字の綺麗さも作文の内容も同時に要求すると子どもの容量を超えてしまう可能性がある。書字の練習は、書字に集中できる課題を使い、別の機会に行うほうが良い。

　上記は指導の際の全般的な注意点であるが、それぞれの子どもの認知特性を考慮した指導法が日本国内においても研究されている。例えば、特殊音節の読みのトレーニング (海津, 田沼, &平木, 2009) や、漢字形態の構成要素に注目させるトレーニング (佐藤, 1997)、意味を媒介させた英語のリーディング (中山, 森田, &前川, 1998) などの効果が報告されている。

第4節　ADHD (注意欠損多動性障害)

注意の集中が難しく、行動や感情を抑制することが難しい。また、こ

の抑制とは別に報酬がすぐもらえないことを嫌がること（遅延報酬への嫌悪）も示唆されている。行動的な問題が多く見られるため、躾や情緒的な原因があると誤解されやすいが、前頭帯状経路などにおける「中枢神経系の機能不全」が原因だと考えられている。また、脳内のドーパミンやノルアドレナリン濃度を上昇させる薬が一定の効果を示すことがわかっており、日本においても（小児精神科医では特に）薬物療法が主要な治療法のひとつであると認識されている（小野，徳山，後藤，＆野中，2012）。

1　学校における困難

　注意の問題と関連して、「ケアレスミスをしやすい」「上の空や、話をきちんと聞けないように見える」「課題や活動を整理することができない」「課題や活動に必要なものを忘れがちである」「外部からの刺激で注意散漫となりやすい」などの行動をしてしまうことがある。小学校では、机の中が整理できておらず、机の周りにも自分の持ち物が散らばった状態で生活している児童をしばしば見かける。そのため、注意の問題と相まって物をなくしてしまうことがよくある。また、教師の指示の最中に注意がそれてしまい、指示を聞き漏らしてしまうことも多い。友達とのやりとりでも、相手の反応を不注意のため見逃してしまい、トラブルを起こすことがある。しかし、注意が逸れていなければ教師の指示の内容は理解できることが多く、友達の表情を含めた反応も注意が向いていれば理解できることが多い。もちろん、ペンを分解したりホッチキスの芯を弄ったり手悪さをしているために注意が逸れることもあるが、注意が逸れる際もわざとではなく、コントロールできていない（がんばって先生の方に注意を向けようとするがフッと逸れてしまう）ことが多いように見える。

　行動や感情の抑制と関連して、「着席中に、手足をもじもじしたり、そわそわした動きをする」「着席が期待されている場面で離席する」「危険なことを平気でやる」「質問が終わる前にうっかり答え始める」「しゃべりすぎる」などの行動をしてしまうことがある。自分の行動をうまく

制御できない子どもでは、とっさに手が出てしまいケンカになることや、感情をうまく抑制できない子どもの場合は、感情が一気に高まってケンカになることがある。昂った感情（特に怒り）が数十分持続することがあるが、落ち着くまで待ち、落ち着けば気持ちをコントロールできたことを褒めることにより、持続時間は徐々に減少することが多い。また、急に教室を飛び出したりすることもあるが、行動の制御の問題だけではなく、注意引き（まわりの反応を見ていること）もよくある。授業中の立ち歩きや私語などの行動は、小学校の高学年には落ち着くようであるが、不注意は残る場合が多いようである。

　遅延報酬への嫌悪と関連して、「精神的努力の持続が必要な課題を嫌う」「指示に従えず、宿題などの課題が果たせない」「順番待ちが苦手」「割り込んだりする」などの行動をしてしまうことがある。長期的な視点に立った行動を選び難く、利那的な判断をしてしまい、後で損をしたと自分でも後悔をしていることもよくある。また、遅延報酬への嫌悪によるものか、社会的には我慢したほうが良い場面（自分が得をすれば友達が損をする場面など長期的にみれば相手との関係性が悪くなってしまうとき）でも、目先のことに我慢できず、身勝手な印象を周囲に与えてしまうことがある。こういった言動から、教師や仲間から社会性が低いと判断されることが多いが、筆者の印象では、他者に興味がないわけではなく、社会的な注目を得ることを喜ぶ（例：お手伝いを褒めてもらうと喜ぶ）場合が多い。

　上記の行動上の問題や感情抑制の問題からか非行のリスクが高く、児童自立支援施設では、ADHD 疑いのある児童は40％ほどに上るという報告もある。また家庭においても、子どもに ADHD が持つ特徴がよく見られるほど、保護者は褒めるなどの肯定的な関わりが少なく、子どもが言うことを聞かないときは激しい叱り方をしてしまったり育てにくさを感じているようである。こういったことから、ADHD を抱える子ども達は全般的に自尊感情が低下していると考えられてきた。しかし、自尊感情は ADHD を抱えていない子ども達と変わりなく、また学業やスポーツに関する自己評価もかわらないという調査報告もある（中山＆田

中, 2008)。

2　支援方法

　ケンカをしたり、物をなくしたり、危険な行為を行ったりと行動上の問題をよく起こすため、教師や保護者との関係性が芳しくないことがしばしばある。そういった場合では、「叱られ慣れ」していることがよくあり、注意や叱責の効果が薄くなっていることが多い。注意や叱責の効果が薄くなると、さらに強く叱ったり、体罰を行ってしまう保護者もおり、さらに関係性が崩れる場合がある。また、注意や叱責に対して子どもが反抗的な態度をとっている場合には、保護者や教師は疲弊していることが多い。

　このように、叱ることでコントロールしようとすると、失敗する場合が非常に多い。確かに「叱る」ことにより、一時的に問題行動は減少する。しかし、問題行動を「叱る」ことでは、子ども達に何をしたら良いのか（適切な行動）を教えることはできない。叱る代わりに、子どもが普段行っている望ましい行動や、これから身につけることが望まれる行動に注目し、（現在見られる問題行動と両立しない）良い行動を伸ばしていく方法により問題行動が減少したケースが多く報告されている。例えば、児童の学業従事行動を褒めることにより、「授業中の立ち歩き」「私語」「注意の集中困難」「級友とのトラブル」や「暴力的行動」等の問題行動が減少した例（梶＆藤田, 2006）などがある。

　ADHD を抱える子ども達は、ご褒美を待たされることには弱いが、逆にすぐにもらえる結果（即時報酬）への感度が高いこともわかっている。つまり、良いことをしたらすぐにご褒美をあげると効果が高いと考えられる。もし、授業中などすぐにご褒美をあげられないときは、トークンを使えば良い。トークンとは、後でご褒美と交換できるポイントのようなもので、子ども達が目標とする良い行動をするたびにトークンがもらえるようにする。もちろん、機械的にトークンを与えるのではなく、子どもがトークンを獲得したことを一緒に喜び、同時に良い行動をしたことを具体的に褒めることも大事である。このトークンエコノミーを使

い、小学4年生男児に授業準備行動を教えたケース（野呂＆藤村，2002）や、「挨拶の仕方」「上手な聴き方」「質問の仕方」「仲間の入り方」「あたたかい言葉かけ」などの行動を学級全員に教えることにより、衝動的で多動な2年児童が授業を妨害するような発言や奇声が減少したケース（小泉＆若杉，2006）などが報告されている。また、トークンエコノミーを用いた、2〜3週間のデイキャンプ方式の集団社会スキル訓練プログラムもある（山下等，2009）。

　行動的なトレーニングの他に、ADHDには薬物療法も効果があることがわかっている。筆者は、薬を服用している小学校高学年の児童に、薬を飲むとどんな感じになるのか聞いたことがあるが、「頭のモヤモヤがなくなってスッとする」「先生の話がわかるようになる」と答えていた。薬物療法により、問題行動は減少し子ども達も過ごしやすくなるようである。しかし、薬によって適切な行動が身につくわけではないので、薬物療法を用いる場合は、適切な行動を身につける環境の調整（褒めること）や行動的なトレーニングと併用することが望ましい。

　トークンエコノミーなど様々な工夫や薬物療法を行ったとしても、実際に子ども達に適切な行動を身につけさせる（成長させる）にはかなりの時間がかかる。一方、叱ることの効果（問題行動の減少）は一時的ではあるが即効性がある。また、子ども達が問題となる行動をしているまさにその最中は、たとえ教師であろうと、冷静ではいられないこともあるだろう。そうすると、教師や保護者は「感情を制御できず」、「長期的な教育効果を待てず」、即効性のある「叱る」という行動をとってしまうかもしれない。ADHDを抱える子ども達をよりよく育てるためには、大人たちも「感情の抑制」と「報酬（子ども達の成長）の遅延に対する我慢」を身につける必要がある。

第5節　実際に支援を行うにあたって

　現在、特別なニーズがある子ども達のために、様々な支援技法や教育環境の工夫が考案されている。さらには、幾つかの技法や工夫を組み合

わせて作られた支援マニュアルもある。それらは書籍などで公表されており、支援を行う際に大変参考になる。また、それらの指導法や工夫された教育環境は、特別なニーズを持たない子ども達にも、授業がわかりやすくなったり褒めてもらえる機会が増えるなど利点が多い。そして、そのような方法をクラス全体に対して使用すれば、通常学級で提供される授業の質を高めることにもつながり、インクルーシブ教育の理念通り、すべての子ども達を一緒に通常学級で教育できるかもしれない。

　しかし、現在、臨床や教育現場において、支援方法のマニュアルや"How to本"が表面的に広まってしまっているといった問題もある（例えば自閉症を持つ児童生徒には、なんでも視覚的に見せるといった機械的でステレオタイプな支援など）。支援マニュアルを使用する際に、料理本やクックパッドを見ながらそのまま料理を作るように、書かれている通り支援を行ってしまうとうまくいかない場合が多い。これは、雑誌に載っている恋愛マニュアルを見ながらデートしているようなもので上手くいかなくてあたりまえである。支援マニュアルを使うときは、一度マニュアルの内容を分解して、支援方法を目の前にいる子ども達の持っている特徴（個性）や子ども達が生活している環境に合わせて作り直す必要がある。

　また、前述したように障害を抱える子ども達は、その障害特徴や二次的な障害のため成績不振に陥ったり、仲間との共同作業などに困難を示すことがある。その最悪の結果として、不登校になる可能性も指摘されている。不登校や子どもの抑鬱の問題などは、学校の中だけで対処しようとせず、外部の専門家との連携をとるべきである。学内でも教師同士で相談できる体制を問題が生じる前にあらかじめ作っておいたほうが良い。こういった枠組みは、子ども達のためだけでなく、教師の精神的な健康のためにも重要になってくる。実際に障害を持つ児童を担任する小学校教師は学校の中で孤立を感じているという報告もある。

　もう一つ重要なのが、子ども達の保護者との連携である。保護者の多くが先生とのコミュニケーションに困難を感じた経験があり、教師もまた保護者とのコミュニケーションに困難を感じた経験があることが報告

されている（三田村，2011）。どんな時に、教師とのコミュニケーションがうまくいかないと感じたかについては、「宿題に苦しんでいることを訴えても、テストの点数は良いので理解してもらえなかった」「相談しても話を聞くだけで答えが返ってこなかった」「そんなことは無い、気にしすぎと言われ終わった」などの回答があった。また、先生に対して言いたかったことについては「できないことをできるといわないでほしい」「問題行動ばかりに目をやるのではなく、いいところを見てほしい」「もっと発達障害や身体障害について勉強してください」「子どものことをほめてあげてください」などがあった。これらのことを言えなかった理由については、「言っても、実際に対応して下さるかということがわからなかったから」「迷惑ばかりかけているので言いにくい」「親自身が勉強不足なので理解を求めるのが難しい」「先生から子どもへの対応が変わるのではないかという不安から」などがあった。上記のような厳しい意見もあるため、保護者とのコミュニケーションに身構えてしまうかもしれないが、これらの意見を参考に保護者のことを理解し、しっかりコミュニケーションをとるように心がけてほしい。言うまでもなく教師の心理的なサポートは、発達障害を抱える子どもの保護者の重要な心の支えの一つとなっている。

文献

三田村仰（2011）　発達障害児の保護者・教師間コミュニケーションの実態調査：効果的な支援のための保護者による依頼と相談　心理臨床科学1　35-43.

中山健、森田陽人、＆前川久男（1998）　見本合わせ法を利用した学習障害児に対する英語の読み獲得訓練　特殊教育学研究35　25-32.

中山奈央＆田中真理（2008）　注意欠陥／多動性障害児の自己評価と自尊感情に関する調査研究　特殊教育学研究46　103-113.

中島俊思、岡田涼、松岡弥玲、谷伊織、大西将史、＆辻井正次（2012）　発達障害児の保護者における養育スタイルの特徴　発達心理学研究23　264-275.

五味洋一、大久保賢一、＆野呂文行（2009）　アスペルガー障害児童の授業参加行動への自己管理手続きを用いた学級内介入　行動療法研究35　97-115.

佐藤曉（1997）　構成行為および視覚的記憶に困難を示す学習障害児における漢

字の書字指導と学習過程の検討　特殊教育学研究34　23-28.

大月友、青山崇加、伊波みな美、清水亜子、中野千尋、宮村忠伸、＆杉山雅彦（2006）　アスペルガー障害をもつ不登校中学生に対する社会的スキル訓練：社会的相互作用の改善を目指した介入の実践（実践研究）　行動療法研究32　131-142.

小泉令三＆若杉大輔（2006）　多動傾向のある児童の社会的スキル教育：個別指導と学級集団指導の組み合わせを用いて　教育心理学研究54　546-557.

小野久江、徳山周司、後藤涼子、＆野中由花（2012）　文献検討からみた心理学系大学院生のADHD薬物療法に対する意識　臨床教育心理学研究38　7-10.

山下裕史朗、向笠章子、松石豊次郎、＆William E. Pelham.（2009）　ADHDのSummer Treatment Program：日本における3年間の実践　行動分析学研究23　75-81.

岡村章司、渡部匡隆、＆大木信吾（2009）　アスペルガー障害児の算数テスト場面における課題従事行動の支援：自分で見いだした解答方略を活用した自己管理の効果の検討　特殊教育学研究47　155-162.

梶正義＆藤田継道（2006）　通常学級に在籍するLD・ADHD等が疑われる児童への教育的支援：通常学級担任へのコンサルテーションによる授業逸脱行動の改善　特殊教育学研究44　243-252.

近藤武夫（2012）　読むことに障害のある児童生徒がアクセス可能な電子教科書の利用　特殊教育学研究50　247-256.

海津亜希子、田沼実畝、平木こゆみ、伊藤由美、＆Sharon Vaughn.（2008）通常の学級における多層指導モデル（MIM）の効果　教育心理学研究56　534-547.

海津亜希子、田沼実畝、＆平木こゆみ（2009）　特殊音節の読みに顕著なつまずきのある1年生への集中的指導：通常の学級での多層指導モデル（MIM）を通じて　特殊教育学研究47　1-12.

松本敏治＆崎原秀樹（2011）　自閉症・アスペルガー症候群の方言使用についての特別支援学校教員による評定　特殊教育学研究49（3）　237-246.

西原数馬、吉井勘人、＆長崎勤（2006）　広汎性発達障害児に対する「心の理解」の発達支援：「宝さがしゲーム」による「見ることは知ることを導く」という原理の理解への事例的検討　発達心理学研究17　28-38.

野呂文行＆藤村愛（2002）　機能的アセスメントを用いた注意欠陥・多動性障害児童の授業準備行動への教室内介入　行動療法研究28　71-82.

関戸英紀＆田中基（2010）　通常学級に在籍する問題行動を示す児童に対する
　PBS（積極的行動支援）に基づいた支援：クラスワイドな支援から個別支援へ
　特殊教育学研究48　135-146.

第5章

学校と家庭

　母親のことを「先生」と間違えて呼ぶことはあまりないが、「お母さん」と間違えて先生のことを呼んでしまい、赤面した経験は多くの人に馴染み深いものだろう。笑い話となるこのような経験から言えることは、学校の中にも家庭のような要素があるということであり、また、「お父さん」よりも「お母さん」と間違えて呼ぶことの方が多いことから、やはり母親との関係が生徒にとってより基盤になっているということである。

　学校と家庭の関係について考えるとき、二つを並列する横の関係とするよりも、ちょうど積木を積むように家庭の上に学校を積み上げる縦の関係として見ることで、学校での生活の基盤に家庭での生活があることが視覚的にも理解しやすい。この章では、学校と家庭との関係について、基盤に家庭があるという視点から考えていきたい。

第1節　生徒の基盤にある家庭

　私たちが生まれ、育てられ、成長していくプロセスはいろいろな数字で表わされる。エディプス王の物語に出てくるスフィンクスの謎かけは有名であろう。「一つの声をもちながら、朝には四つ足、昼には二本足、夜には三つ足で歩くものは何か」。答えは人間である。生まれた赤ちゃんは手足4つを使い、成長すると二足歩行となるが、やがて年老い、支えとして杖を使うようになる。たとえば、"1 → 2 → 3"。これは、一人の人間がパートナーを見つけ、赤ちゃんを授かり、家庭を築いていく様子である。

　生まれてから成長するプロセスを次のように表わすこともできるだろ

う。男女2名の両親から1人の赤ちゃんが生まれる（双子や多胎児の場合もあるが）。生まれたばかりの赤ちゃんは母親に依存的な存在である。母と子との"2"とみることもできるだろうが、赤ちゃんにとって、もしかしたら母親にとっても母子で"1"として体験しているかもしれない。母子が密着した状態から、徐々に赤ちゃんは母親以外のものに興味を示し、探索するようになると父親の存在に気づくようになる。そのとき、「父‐母‐子」の"3"ができあがる。恋愛における三角関係がドラマになるように、"3"で表される関係は複雑な要素を含む。同時に両親から赤ちゃんが誕生するように、また、正反合の過程、つまり意見の対立から統合されることで、それまでよりもよいアイデアが生まれるといった創造するダイナミズムを孕んだ状態ともいえる。

　この複雑でもあり、可能性を秘めた"3"というユニットの原点は「父‐母‐子」にあるといってよい。それはいずれ「祖父母‐両親‐子ども」という世代や、「兄‐親‐弟」といった兄弟葛藤の形をとることもあるだろう。また、家庭内から「親‐生徒‐教師」と広がり、「家庭‐地域‐学校」とさらに拡大していく。

　教師としての体験の中にも"3"は隠れている。たとえば、「理論‐教師‐実践」。理論ばかりでは堅すぎるであろうし、実践ばかりでは視野の狭い独りよがりに陥る危険がある。理論を学ぶことで、自らの実践は否定され、自信を失うこともあるだろうが、理論は経験に裏付けられたものとして身に付き、実践はより視野の広いものとなる。

　このように、子どもの養育や教育において"3"という視点は重要であり、有益である。繰り返しになるがその原点は家庭にある。"3"を含んだ関係性の中で、自分を知り、他者を知り、自分の気持ちをコントロールすることを覚える。また、嫉妬する、和解する、葛藤するなど情緒的な経験をし、学習していく。大事な時期に大事なことを学ぶ機会は家庭の中にあり、生徒の性格形成の基盤は家庭にあるといえる。家庭から学校、そして社会へと出ていく中で、そのときどきの"3"の形があり、より豊かな成長を遂げる。また、ときには不登校や引きこもりなど深く孤立し"1"になることもあれば、主張がぶつかり合い対立するなど"2"

になることもあるだろう。

第2節 "3"「父‐母‐子」から見えてくる家庭と学校との関係性

　学校が家庭とよい関係を築くための最善の実践について、オズボーン（1999）は次の３つを挙げている。
1　家庭の重要性を認識していること
2　親の役割にとって代わろうとしないこと
3　学校の役割は家庭とは異なるが、それでも重要なものなのだということをよく理解していること

　教師と親が互いに認め合うことで、子どもたちは安定する。そして、教師と親との良好な関係は、生徒が探究し、学ぶための確固たる基盤をもたらすことになる。オズボーンが述べる学校と家庭とのよい関係を築くためのポイントをより具体的、実践的にイメージできるようにするために、その原点にある家庭の様子、特に幼少期における母親と父親との交流にヒントを見つけてみたい。そうすることで、生徒の心の成長にあったそれぞれの役割が見えてくるかもしれない。
　2歳児を抱える家庭の様子をイメージしながら考えてみたい。2～3歳には最初の反抗期があり、親は悩む時期である。同様に、学校にとっても家庭にとってもかかわることに困難を覚えるのは、第二次反抗期といわれる思春期の子どもであろう。大人になる前の思春期に子どもたちは、これまでの積み残しの課題をやり直しているといわれる。万能感にあふれた世界から脱し成長する2、3歳児の時期と、子どもから大人へ成長するプロセスにある思春期の時期とを比較することは、生徒の心をより理解し、家庭と学校との関係を考え、アプローチする上において役に立ちそうである。
　幼児期において、母親との二者関係から子どもは徐々に父親や祖父母などに関心を向けるようになる。それは同時に、母親に対して反発する

時期でもある。子どもが母親と父親の間を自由に行き来できる環境は先ほどの言葉を使えば、"3"が成立しているといえる。母親に対して反発する子どもの心に目を向けてみると、彼らには万能感が残っているため、母親と自分は1つと思い、自分の欲求を認めてくれない、満たしてくれない母親を認めることができず、そのような母親は悪い母親であると認識する。自分の気持ちに誠実であると、母親に対しては不誠実な態度となり、逆に反抗せず、母親に誠実であり続けることは、自分の欲求に不誠実になる事態を招くことになる。

　たとえば、泣いたときは必ず母親に慰めてもらっていた2歳の子どもが父親に慰めを求めていった場合を考えてみる。このとき、母親はその状況に耐えられるだろうか？　この子は再びすんなりと母親の手の中に戻ることができるか？　父親はどのように関わることができるだろうか？　父親は母親の気持ちとわが子の気持ちを理解し、どのような役割を果たすことができるだろうか？

　学校と家庭との関係を考えるとき、このような家庭の様子は参考になる。家庭は母親的な性質を持ち、学校は父親的な性質を持つとイメージしてみてもよい。母親的性質とは、子どもを抱え込み、養育し、守るというものである。反面、過保護や過干渉になることで、子どもの自主性を蝕んでしまう危険がある。父親的な性質は、社会との接点を持たせ、（母親との関係を振り返ることで）考えることを促し、ルールを課すというものといえる。しかし、その基盤には母親との関係性があることを忘れてはいけない。

そのとき、父親にできるアドバイスは、
1　今は反抗的であり、お母さんを困らせてもいるその子にとって、お母さんはとても大切な存在であることを理解していますか？　お母さんにとっても今はストレスになっているその子が変わらずとても大事な存在であることを理解していますか？
2　その子にとってこれまではお母さんが一番大好きな存在だったし、お母さんの言うことは何でも聞き入れていた。お母さんにとっても、そ

の子は生活の大部分を占める大事な存在。お母さんの席にお父さんが座るようなことはしてはいけませんよ。

3　お父さんの役割はお母さんの役割とは違います。お父さんは家庭の外に連れ出してくれる存在であり、その子にとって尊敬できる遊び相手かもしれないし、また、感情的になりがちなお母さんに対して、冷静に理論的に話をしてくれるのがお父さんだろう。子どもたちの失敗や将来の不安について、お母さんと一番上手に話ができるのがお父さん。

　以上の3つのアドバイスは、先に引用したオズボーンの学校と家庭の関係に言及した言葉を改良したものであるが、内容はほぼ同じである。家庭を母親、学校を父親と言葉を入れ替えてみると、先にも挙げたちょうど反抗期を迎えた2～3歳ぐらいのわが子の子育てに奮闘する両親へのアドバイスになる。不思議にも思えるかもしれないが、必然的なことである。それは、生徒は学校や社会の中で様々な"3"に出会い、バリエーションを豊富にしていくわけであるが、その原点には「父‐母‐子」の三者関係が存在しているからである。

　ここまで、生徒にとって家庭が重要であると繰り返し、形を変えて述べてきた。そこには学校と家庭との関係について考えるときの豊富なヒントが潜んでいることも指摘した。しかし、今日において課題を抱えている家庭は少なくなく、むしろ、学校にとって特別な取り組みが必要になるのは、課題を抱えた家庭に対してである。以後は、家庭が抱える課題の中でも、虐待の問題を取り上げ考えていきたい。これまで述べてきたことは健康な三者関係を前提としていたが、虐待が起きる家庭にはそれが失われている。それは、子どもたちの発達や精神的な健康にダメージを与えるとともに、学校と家庭との関係においても難しい問題が生じることになる。「父‐母‐子」と「学校‐家庭‐生徒」と並べて考えることで、様々なイメージが湧くのではないだろうか。

第3節　不適切な養育環境

　これまでは健全な家庭を前提としてきた。しかし、実際には、支援を必要としている家庭は少なくなく支援にもさまざまなレベルがある。例えば、担任が保護者の話を聞き、また、生徒の気持ちを伝えるといった橋渡しとして間に入ることで、家庭や親子が持っている健全な力を回復する場合もあるであろう。また、保護者の不安を抱えてあげ、適切な情報やアドバイスを提供することで解決する問題もあるだろう。しかし、虐待や非行といった問題は、教師ひとりの力量や学校単独の力では支えきれないケースが多い。"抱え込む"ことで適切な時期に適切な支援を提供する機会を失い、結果的に生徒に多大な傷を与えてしまう事態になる危険性を孕む。

　まずは、虐待の分類を紹介し、不適切な養育環境が生徒に与える影響について考えたい。虐待という事態に直面したときに、教師が体験する情緒的な負荷は大きいだろう。親として感じること、子どもだった自分を振り返り感じること、ひとりの人間として感じることなど様々な反応が生じるであろう。そのような情緒的な反応は避けることはできないが、それは不用意な行動化を導く危険性があることを知っておくことはとても大事なことである。そのためにも、虐待について学んでおくことは不可欠である。

1　虐待の種類

　虐待は大きく4つの種類に分けられる。現在、虐待という用語とともにマルトリートメント（maltreatment）という用語も使われるが、マルトリートメントとは、「大人による子どもへの不適切なかかわり」という意味であり、虐待よりもより包括的な概念である。

　以下では、4つの種類の虐待について説明する。ただし、マルトリートメントという概念が示すように、虐待は複合的であり、用語だけが独り歩きすることは慎まなければならない。何より大切なのは、生徒自身

がどのような体験をしてきたかということである。

1）身体的虐待

　打撲やあざ、骨折や刺傷、たばこによる火傷など身体的な暴力を加えることや、食事を与えない、戸外に閉め出す、布団蒸しにするなど生命に危険のある暴行を加えることである。愛情を与えてくれるはずの大人から暴力や暴行を受けるという体験は、単に身体的な痛みだけでなく、それは心の傷になる。本来、安全基地となってくれるはずの養育者から暴力を受けるため、自分の周りの大人や世界が危険なものであると漠然とした不安を根深く抱くことになる。

　また、乳幼児期の養育者との情緒的な交流は他者とのコミュニケーション能力を育て、自分の心の状態について考える力を育てるが、この時期に虐待を受けることでコミュニケーション能力や考える力はダメージを受けることになる。そのため、自分の心の状態について考えることや、それを言葉にして他者に伝えることが苦手となり、適応的な形で欲求を充足するには困難が伴う。そのため、欲求不満は行動化されることが多く、自分の欲求を満たすために暴力による支配関係を築くことがある。また、虐待者である養育者の行動をモデルとして同一化し、自らが虐待する者となることで虐待関係を再現することがある。逆に、支配される関係を築き、虐待される者として養育者との関係を再現する者もいる。衝動性や攻撃性が高いのが特徴とされるが、それは「闘争‐逃走」に曝された養育環境で育ったためであると考えられる。

2）ネグレクト

　子どもを家に置いたまま外出し、幼い子どもが命を失う事例は後を絶たない。車に放置し、熱中症で死亡するケースも未だなくならない。学校に登校させない、病院に連れていかないなど、子どもの健康や安全への配慮が欠いた状況、また、適切に食事を与えない、汚れた衣服のまま取り替えない、極端に不潔な環境で生活させるなど、衣食住への無関心や怠慢などもネグレクトといわれる。

　身体的虐待と比べると積極的に苦痛を与えるように見えないが、乳幼児期のネグレクトは発育や発達に多大なダメージを与える。赤ちゃんの

世界をイメージしてみたい。赤ちゃんが体験する空腹は恐怖であり、単にお腹が減っているというよりも、自分を不快にする悪いものがお腹の中にいると体験しているという。ネグレクトの環境では、泣いたり、怒って求めても適切な世話がなされず、何の反応もない世界に一人ぼっちに放って置かれる。赤ちゃんは時間の感覚も獲得されていないため、そのような恐怖が永遠に続くように感じられ、恐怖とともに強い無力感を体験することになる。赤ちゃんは母親がいないという認識、つまり、「不在」という概念がないため、養育者からの応答がない世界では、自分を不快にする悪いものがずっといじめてくると体験することになる。赤ちゃんに必要な世話やミルクが適切に与えられず、愛情や関心がひっこめられているといった消極的な環境とイメージするよりも、赤ちゃんにとっては迫害的な環境とイメージした方がより近い。

　ネグレクトが生育歴のどの時期からはじまったかにより、子どもが受けるダメージは異なる。衣食住など適切な環境を整えてあげることで、安定を回復する子どももいるが、「自分は価値がない」、「世界は信頼できない」と根底に自分や他者への不信感がある子どもにおいては、適切な環境のみでは回復するのは難しく、自分に自信が持てず、他者を信頼することに困難を伴う。

3）性的虐待

　子どもへの性交や性的行為を強要したり、性的暴行を加えることは性的虐待である。また、性器や性交を見せることや子どもを被写体にしたポルノ写真の撮影を強要することも性的虐待に当たる。

　「お前のことが好きだから」、「私のことが好きなら」、「だけど、このことを誰かに話したら家族はバラバラになるぞ」といった矛盾したメッセージが伴うことが多く、性的虐待を受けた子どもは、複雑な心理的状態を呈するようになる。精神症状としては、解離性障害、心身症、境界性人格障害、自傷行為（リストカット、自分を傷つけるような性的逸脱行動）などが報告されている。また、自分の性を受容することは心理的な成長には必要不可欠であるが、性的虐待を受けた子どもにとって、性は汚らしい嫌悪すべきものとなり、それは必要以上に困難なこととなる。

また、性的虐待を受けたことを家族に相談しても信じてもらえず、逆に責められることで、子どもはさらに深く傷つく。同性の親を裏切ってしまったという罪の意識をもってしまったり、内緒にしなければならないような悪いことをしてしまったというネガティブな自己イメージを背負うことにもなる。

4）心理的虐待

　全ての虐待において、心理的虐待は見られるし、心理的虐待のみの形でも見られることもある。言葉による脅迫や子どもを無視したり、拒否的な態度をとること、また、他のきょうだいと比べ著しく差別的に扱うことや子どもの自尊心を傷つける言動などが心理的虐待に当たる。

　"よい―わるい"がはっきりせず、何をしても怒られてしまうことで自尊心は粉砕され、子どもらしい欲求を受け取ってくれる養育者を体験できないことで、子どもらしさは窒息してしまいかねない。自尊心や有能感が育ち、子どもらしさが受容され、情緒的な発達が促される環境の中で健全な成長は守られるのだが、虐待を受けた子どもたちはその当たり前の環境が得られなかったのである。

　このように虐待は子どもの発達や人格に多大な影響を残す。不適切なかかわりを受け続けた子どもは、低身長症などの発育不全が見られる場合や、心の発達が阻害されることでADHDや学習障害といった発達障害と同様の行動特徴を呈することもある。例えば学習をとってみても、その起源は授乳関係にあるといわれる。

　赤ちゃんは母親に絶対的な依存状態にある。母親から提供されるミルクとケアを受け、それらと一緒に世界に対する安心や信頼を取り入れる。空腹や不快は赤ちゃんにとっては恐怖や不安の体験でしかなく、泣いて母親を求めるとそれらの恐怖や不安はどこかに行き、栄養や安心で満たされる。虐待環境では、ミルクの代わりに暴力が、安心の代わりに恐怖がおそってくると想像してもらいたい。ミルクや安心を与えられることもあるだろうが、それがいつ暴力や恐怖に変わるのか赤ちゃんは見通しがつかない。

授乳にしろ、学習にしろ、そのどちらもが栄養になるものを取り入れ、消化吸収するプロセスである。授乳と学習は身体と精神として区別はできるが、そのプロセスはとても類似したものである。教師と生徒との関係性の基盤にその生徒の母子関係があると考えると、学習意欲が低い、学習に取り組めない、学級崩壊を起こし教師を教師として機能させないなど、教師が直面する生徒の問題の背景には家庭における機能不全、過去もしくは不適切な養育が影響しているのではないかと心を配ることは役に立つ。その際、生徒が必要とするのは個別のかかわりであり、大人からの理解であるが、それはクラスをまとめるという管理的な立場とは相反する部分もあるだろう。生徒の心の痛みに触れたとき、教師の中にも情緒的な痛みが伴うことは先に述べたが、不用意な行動は巻き込まれる形に陥り、徐々に抱えきれなくなり、最終的に生徒を見捨ててしまう結末は避けるべきである。そのためには、学校内及び関係機関との相談や連携が必要となる。

2　虐待通告

　担任や養護教諭が虐待を発見するケースは多いであろう。次に虐待の発見と対応について考えてみたい。

　身体的虐待やネグレクトは、外傷や不衛生な衣服など外から確認できることが多い。身体的虐待では、あざや火傷など不自然な外傷から発見につながる。大人に対する極度の緊張や過度の馴れ馴れしさなども特徴である。不自然な外傷を見つけた場合、教師は生徒にその理由を聞くだろう。しかし、多くのケースで生徒は親をかばうためか、本当のことを言わない。あざなどは「階段で転んだ」とか、火傷は「自分でやった」などと本当のことを隠そうと、事実と合致しない、あいまいな説明となる。

　ネグレクトでは外傷となるような特徴がないため、虐待として取り上げにくいかもしれない。衣服が取り替えられておらず、また、入浴をしていないため異臭を放つとなると、からかいやいじめの対象となるだろう。給食のときの様子や万引きなどの問題行動にも、その背景に食事が

適切に与えられていないネグレクトの可能性を疑ってみる必要はある。

　身体的虐待やネグレクトに限らず、性的虐待の第一発見者となる養護教諭は比較的多いだろう。保健室という性質上、一対一でのケアがなされる環境であり、また、身体的なケアを受けることで信頼関係が生まれやすい。性教育など、性に対して軽視しない大人というイメージもあるのかもしれない。性的虐待は表面化しにくい性質のものである分、養護教諭の役割は大きく、情報の取り扱いについては普段から決めておく必要がある。養護教諭が抱え込む事態は避けなければならない。

　学校として、まずは親への指導を行うだろう。しかし、親が虐待を認め、積極的に改善へと取り組むことはそれほど多くはないだろう。親には親の考えがあり、家庭には家庭の事情があると言われれば、教育者である教師として、どのような対応ができるだろうかと行き詰る。また、虐待の有無を確認しようと生徒から話を聞いても、虐待の存在を判断することは困難な場合もある。

　虐待事案は早期発見、早期対応が求められている。虐待を発見もしくは虐待が疑われる場合は、第一に一人の教師が抱え込まないことである。また、普段から虐待事案が起きたときの学校内での情報共有の仕方や対応への指示系統を管理職が中心となり決めておくことで、教師一人一人が動揺せずに対応することが可能となる。虐待通告は義務化されておりたとえ、確証がない場合でも、早期発見の観点から連絡もしくは相談をすることが求められる。もちろん、通告者が特定されないように配慮される。

　虐待ケースでは、場合によって親子の分離措置がなされる。生徒を手放す辛さや、生徒が家庭から児童福祉施設へ分離される心細さ、また、その家庭とこれから先もかかわることを考えると、通告を躊躇するかもしれない。しかし、子どもの最善の利益を尊重し、守る立場に教師もあり、分離やそれに伴う目先の痛みだけでなく、将来のことまで考慮する冷静さが不可欠である。

第4節　社会的養護

　保護者がいない児童、虐待等の理由により家庭から離れる必要のある児童には社会的な養護が必要となる。その対象になる児童は、4万5千人である（平成30年3月末現在）。社会的養護は、「子どもの最善の利益のために」と「社会全体で子どもを育む」を理念とし、里親家庭で生活する「家庭養護」と、乳児院や児童養護施設など児童福祉施設で生活する「施設養護」とに大別される。社会的養護が必要な児童のうち、里親家庭で生活をしている児童は全体の2割弱である。この日本の現状については、半数以上が里親家庭を利用している海外と比較するとかなり立ち遅れていると言わざるを得ない。

　子どもが養育される環境はより家庭的である必要があるという認識に立ち、近年、国は家庭的養護推進に取り組むようになった。大規模な施設養護から、より個別なケアを提供できる少人数でのグループが望ましいという考えを明確に打ち出したといえる。

　日本において里親制度が浸透し広がらない要因は様々である。また、日本においても里親家庭への委託率は地域により差がある。ここでは、その要因について論じることはしないが、里親制度が浸透し広がらず、里親家庭で生活する児童が少ないということは、里子はいつまでもマイノリティでしかないということである。

　里親登録をする人たちはある程度子育てが終わり、生活も経済的にも安定した年齢にある。そのため、里親と里子の年齢差は一般的な親子関係よりも大きい。また、里親と里子とで、名前が異なる場合もあるだろう。親にしては年齢差がある、名前も異なる理由を聞かれるたびに、里子たちは説明をしなければならず、苦しく辛い経験をしている。

　社会的養護を受ける児童の多くは虐待されてきた体験を持つ。虐待により傷ついた体験は、安定した生活の中では児童の問題行動として表出することになる。里子の問題行動を抱えることで里親は精一杯になるであろうし、そうすることが里子にとっては必要であり、育て直すことに

なる。そのときに学校からの協力は不可欠となる。社会的養護が必要とされている児童が抱える問題は、家庭や社会の問題を背負わされている部分が多い。里子の問題を里親の責任に転嫁してしまうのではなく、社会的養護の「社会全体で育む」という視点に立ち、理解と協力を提供することで里親家庭は里子を抱える力をわずかでも回復するだろう。家庭がしっかり子どもを抱えるようになれば、学校での様子は必ず変化し、よい循環を生み出すことになるだろう。名前の呼び方への配慮一つで里子は救われるだろうし、社会的養護が必要な生徒に関しては、家族への言及の仕方をよく考えておく必要がある。

第5節　子どもの貧困

　経済的な困難が理由となり、社会的養護を必要とする子どもや家庭も少なくない。社会的養護に至らなくとも、日本における貧困の問題は深刻であり、先進国の中でも子どもの貧困率は高く、特にひとり親家庭において深刻であるのが現状である。また、生活保護を受給している世帯数は過去最高となっている。貧困の原因である所得の格差は、学歴の格差や教育を受ける機会の格差を生み出し、将来に対する希望の喪失を生む。

　貧困を抱える家庭はひとり親家庭や生活保護を受給している家族が多いことを考えると、家庭生活が不安定であり、家庭機能が脆弱であるといえる。貧困は「学力の格差」を生み出すと言われるが、それは単に教育の機会が実質的に少ないという要因だけでなく、学校の成績や進学に対して親が無関心である場合が多いことも要因である（宮本，2005）。学習についていけなくなり、学校での居場所を失うと、子どもは登校する意味や進学する価値を見出すことは難しくなる。将来に対する希望や具体的な展望を持つことができず、刹那的になり、目の前に見える生活が不安定なものであっても、それを自然なものとして受け入れる態度に陥りやすい（西田，2010）。このような「貧困の連鎖」が子どもの貧困を拡大していくことになる。

母子家庭の母親の8割が就労しているにもかかわらず、平均年収は224万円であり、その貧困率は50％を超えている現状、非正規労働者の増加など、社会問題として国が取り組むべき課題は多い。一方で、「貧困の連鎖」を断ち切るため、また、子どもたちが貧困から抜け出すため、教育が担う役割は大きい。学習についていけず、学校に居場所を失った子どもたちが学校から排除されてしまうと、彼らが成長するための場所を失うことになる。子どもたちが成長するための受け皿をどのように作るか、学校・家庭・地域社会による取り組みが不可欠である。

第6節　まとめ

　「学校と家庭」について、「学校か、家庭か」と二元論で考えるのではなく、「家庭から学校へ」という流れがあり、積み重なっていくことをイメージして考えてきた。二元論的に考えると、そこには対立が生じる。

　例えば、モンスターペアレントを取り上げてみる。「常識では理解できない」「得体のしれない」存在とされる。まるで、喰われるかのような恐怖、破壊されそうな怖さを体験する。モンスターと言いたくなるような状況では、対立の構図に陥っているのではないだろうか。

　学校にとっては、そのような親の要望や言動は得体のしれないものと思われ、親にとってもやり取りを通して見えてくる学校の姿は得体のしれないものなのかもしれない。恐怖や怒りが基調にあるコミュニケーションからは理解が生まれにくい。担任がひとりでの対応を求められ、そのような事態に曝されてしまっては、学校と家庭との攻守の形をとった対立にしかならないだろう。管理職が一緒に対応し、先輩や同僚からは理解や支えが得られるかどうかが重要である。ちょうど、育児に自信を失った母親の話を聞き、一緒に子育てに参加する父親の役割と似ているだろう。

　癒着や対立が生まれやすい"2"から、いかに連携を取りながら創造のダイナミズムが生まれる"3"を形成できるかが鍵になる。コミュニケーションが生まれることで理解が得られると、お互いに抱いていた

「得体の知れない」ものに対する恐怖や怒りは和らぐことだろう。洞窟の壁に映し出された影は巨大に見えて、得体が知れない恐怖を生み出すが、それは実体とは異なるように、保護者が求めることの実体をつかむことができれば、解決の糸口となる。

　家庭の重要性を強調してきたが、教師が学校で養育的なかかわりをすることを奨めているのではない。学校は生徒にとって社会に出会う貴重な機会であり、教育は生徒の可能性を引き出し開花させるだけでなく、社会で生きるためのルールや適応の仕方を身に着ける場所である。当然、困難なことに出会うことで生徒は成長していくのであるが、不安や怒りといった情緒的な負荷の大きい困難な状況においては、根底にある心の働き方が表出することになる。つまり、幼いときに身に着けた対人関係や自己コントロールの仕方に強く影響されるようになる。そのとき、生徒に関わる教師や親も同様に影響を受けることを知り、そのメカニズムを知っておくことは、感情的に巻き込まれることを回避することにつながる。

　思春期の生徒を抱える学校では、家庭不和、貧困、非行、暴力、自傷行為、性問題など、直面する問題は多岐にわたり、それぞれが深刻化する危険性がある。抱え込むことで教師が精神的に追い込まれた状態に陥らないためには、管理職、養護教諭、スクールカウンセラー、スクールソーシャルワーカーといった学校内での協働はもちろん、教育委員会、児童相談所、警察や病院など外部の機関といかに連携できるかが鍵になる。これまで述べてきたことを踏まえると、「生徒‐教師」の二者関係から、いかに風通しの良い三者関係を作ることが重要であると言える。そのためには、教師自らが経験していることを言葉にし、それを話し合える環境、教師自身も抱えられるような環境であるかが不可欠な要素である。

文献

ビディ・ヨーエル（2006）『学校現場に生かす精神分析（実践編）』（平井正三監訳）岩崎学術出版社.

ボストン，M／スザー，R（監修）（1990）『被虐待児の精神分析的心理療法』
　（平井正三・西村富士子・鵜飼奈津子　監訳）金剛出版.

前林清和・木村佐枝子・黒崎優美・荒屋昌弘・西山亮二（2015）『カウンセリン
　グマインドによる教育』トゥエンティワン.

松本伊智朗（2010）　子どもの虐待問題の規定としての貧困・複合的困難と社会
　的支援　子どもの虹情報研修センター紀要 No.8.

宮本みち子（2005）　家庭環境から見る　小杉礼子編『フリーターとニート』勁
　草書房.

西田芳正（2010）　貧困・生活不安定層における子どもから大人への移行過程と
　その変容　犯罪社会学研究第35号.

小西祐馬（2006）　子どもの貧困研究の動向と課題　社会福祉学第46巻第3号.

ザルツバーガー−ウィッテンバーグ，I／ウィリアムズ，G／オズボーン，E
　（1999）:『学校現場に生かす精神分析』（平井正三・鈴木誠・鵜飼奈津子　監
　訳）岩崎学術出版社.

第**6**章

心理カウンセリングの基礎

第1節　心理カウンセリングとは

「心理カウンセリング」とは、一言で言えば、とにかく「聴く」ということである。クライエント（相談に訪れる人）の訴えをじっくり聴くという態度が最も重要である。カウンセリングという言葉は、聖書による言葉「counsel of perfection」が語源で、「すすめる」や「助言する」という意味があるが、本来の心理カウンセリングとは異なるものである。さらに、学校教育におけるカウンセリングは、学校カウンセリングと言われる。

筆者自身が行っている心理臨床行為は、カウンセリングというよりも「心理療法」という言葉がしっくりくるかもしれない。河合（1992）は、「心理療法とは、悩みや、問題の解決のために来談した人に対して、専門的な訓練を受けた者が主として心理的な接近法によって、可能な限り来談者の全存在に対する配慮をもちつつ、来談者が人生の過程を発見的に歩むのを援助すること」としている。大袈裟かもしれないが、心理療法を行うということはその人の人生そのものを引き受ける行為であり、専門的な訓練を受けた専門家でなければやってはいけない程、命懸けの仕事であるということを理解しておく必要がある。人の話を聴くということは、それ程、責任があるということで、生半可な気持ちでやるべきではない。

「聴く」だけでそれがカウンセリングなのか、それでクライエントは良くなるのかと疑問を持つかもしれないが、心理カウンセリングはあれこれアドバイスすることではなく、クライエントが進むべき方向を一緒

に考え、共に寄り添う態度が最も重要となる。クライエントに何らかの
アドバイスをしたり、自己のこれまでの体験を語ることがカウンセリン
グだと勘違いをしている人もいるが、一方的なアドバイスや個人の人生
哲学を語ることは「押し付け」以外の何者でもない。そうした一方的な
思い違いにならないため、セラピストはスーパーヴィジョンや教育分析
等、専門家としての訓練を受ける必要がある。

　スーパーヴィジョンとは、スーパーヴァイジーがスーパーヴァイザー
との契約のもとに行われるもので、担当している事例に関して助言や指
導を受けることを言う。学校現場では、教師が臨床心理士からコンサル
テーションを受けることもある。教師はカウンセリングの専門家ではな
いが、生徒や保護者の良き理解者としてカウンセリング・マインドを持
つことが必要とされる。

　カウンセリング・マインドとは、「子どもへの助言者としての教師が、
子どものある行動・発言・態度の表層だけを見るのでなく、その背景・
内面も含めて、奥行きある存在として子どもをとらえ、かかわる努力を
しようということ」(青木, 2003) とされる。教師になぜカウンセリン
グ・マインドが必要とされるのか、それは教師が生徒の最も身近な存在
であり、生徒の訴えを直接聴くことができる立場にあるからである。そ
のために、教師にもカウンセリングの基本的態度としての「聴く」姿勢
が求められることになる。しかし、ただやみくもに聴けば良いというわ
けではない。時には教師が抱えきれないような悩みを告白することもあ
るだろう。そのために、現在では公立の全中学校にスクールカウンセ
ラーが配置されている。スクールカウンセラーは生徒の相談を受けるだ
けでなく、教師に対してはコンサルテーションという形で間接的に生徒
たちとかかわる役割も担う。教師が一人で抱え込むのではなく、スクー
ルカウンセラーと協働して生徒の成長を見守ることが重要である。教員
研修においても、カウンセリングの研修は多くの現場で実施されてはい
るが、基本的に話すというスキルを培ってきた教師にとって、「黙って
聴く」とか「とにかく聴く」というのは、なかなか難しい訓練である。
直接的にカウンセリングは行わないにしても、学校現場に心理療法のわ

かる教師がいることは、我々臨床心理士にとっても良い関係性を築くことになり、学校内での活動がしやすくなることになる。

　さらに、クライエントの話を聴く上で重要視されるのが、「受容」と「共感」である。「受容」とはクライエントのありのままの思いをしっかり受けとめるということである。このような受けとめられる体験によってクライエントは自分自身を見つめ直し、自分自身を受け入れていくことができるようになる。不満や攻撃的な訴えはクライエントの思いが誰からも受け入れてもらえないということから始まっている。そして、自分自身の思いをじっくり聴いてもらえるという体験は来談意欲につながっていく。

　中学・高校の時期の生徒たちは自ら進んでカウンセリングを受けるという行動は少ないであろう。そのような場に出入りすることを友達に知られたくないという想いも強く、抵抗を感じる生徒もいるであろう。時には保護者や教師など、むしろ周囲の大人によって来談させられることもあり、そのようなケースは来談意欲を欠き、面接が苦痛なものとなれば拒否されることもある。こうした中で周囲の大人とは異なる存在で、生徒の思いが受け止められる場であることが心理カウンセリングの場には求められることになる。また、「受容」とは何もかもすべてを受け入れれば良いということではない。クライエントの思いを受け止めながらも、常に中立的な立場で、同じ姿勢でクライエントの訴えに耳を傾けていくという態度が重要である。「温かく、誠実に、そして共感的理解をもって」（山本，2003）クライエントの思いを受けとめていく必要がある。

　教師が生徒の話を聴く場合も「受容」が重要となる。経験豊かな教師は自己の経験や人生論を語りたくなるものであるが、あくまでも生徒自身が自分の言葉で語り、それを受け止めてもらえたという体験が重要であり、生徒の話を遮って持論を押し付けるようなことは避けなければならない。表面的な態度はかえって生徒を傷つけてしまうことになるため、気をつけなければならない。

　「共感」とはクライエントのこころの中で起こっていることを自分自身のことのように感じとることである。つまり、クライエントの世界観

を想像し、その意味を理解しようとする態度である。こころの中の状態、感情を自分自身のこととして感じ取れるのかが共感の深さとも言え、心理カウンセリング場面では最も重視されることのひとつである。自分の思いが伝わったとクライエントが感じられ、ここでなら自分の思いを聴いてもらえそうだと感じた時から心理カウンセリングが治療的に動いていくことになる。クライエントのこころの中で何か起こっているのかを深く感じ取り、誠実な態度で寄り添っていくことが重要である。このような共感的理解を得られる体験によって、クライエントは自分の中で起こっていることを改めて考え直し、自己の進むべき方向を見出していくことになる。

　「共感」とはただクライエントの持つ世界を感じ取れば良いということではない。時には聴き手の想像を超え、クライエントの語る世界についていけない場合もある。その世界に共感的理解ができないのであれば、それは聴き手の限界であり、限界を超えて聴くべきではない。中学生から高校生の時期は思春期から青年期の始まりとなる時期であり、思春期うつ病や統合失調症の好発期とも重なっていく時期となるため、「共感しなければ」という思いだけで生徒の話を深く聴いたりすることはかえって病を悪化することになるので、十分に気を付けなければならない。この「ついていけない」感覚は実はとても重要なもので、教師がこのような違和感を感じた時は、一人で抱えこまず、スクールカウンセラーや地域の専門家につなぐことが必要である。

　共感と似た感情に「同情」がある。クライエントに起こっていることを自分のことのように感じ取るという点では共通するものがあるが、同情は同じ思いに対して共に揺れ動くことに対し、共感は共に揺れ動きながらも少し距離感をもちながら冷静に感じ取れるという点で異なってくる。例えば、クライエントがいじめの体験を告白したとする。机や教科書に落書きをされ、クラス全員から標的にされ、傷つくような言葉や態度をされたことを打ち明けるとする。そこで「かわいそう」という感情は「同情」である。しかし、クライエントが語っている世界を想像し、その体験がどのようなものだったのかを感じ取り「とても辛い体験をさ

れたのですね」という感情は「共感」である。同情と共感の境をどのように見るのかは難しいところであるが、教師が生徒の話を聴く時、この共感的態度がとても重要となる。

　大学の授業や大学院においてはクライエント役とセラピスト役を体験をするロールプレイが有効である。どちらの立場も経験することが望ましいが、セラピスト役には「ひたすら聴く」ということを体験する良い機会になるであろう。ロールプレイはあらかじめある程度の設定（たとえば、不登校の子どもの相談にきた母親など）はするが、どのような展開になるのかはその時の状況で異なる。この時、クライエントはどのような想いを抱いたのか、セラピストはどう思ったのか、オーディエンスは何を感じたのかという振り返りを行うようにしている。この時に湧き上がってきた感情の共有はカウンセリングの訓練において非常に有効なものになる。理想と現実は明らかに違うし、マニュアルだけで心理カウンセリングはできないということを体験する良い体験となるであろう。これらの基盤となるものが「信頼関係」である。わずか数分でもクライエントの思いを感じ、「この人なら話せる」と感じてもらうことができればカウンセリングは展開してゆくであろう。しかし、クライエントの語る世界に寄り添うことができず、「もう話したくない。二度と来たくない」と感じさせてしまえば、それは失敗である。すべてが上手くいくわけではないが、信頼関係こそが心理カウンセリングの基本となる態度である。

第2節　枠と守秘義務

　心理カウンセリングにおいて、最も守りとなるものが「枠」である。「枠」があることで心理カウンセリングが成立し、クライエントを守ることができる。同時にセラピスト自らを守ることになる。反対に「枠」がなければ心理カウンセリングを行ってはいけない。曖昧な「枠」の設定はクライエントを危機的状態に陥らせることに他ならず、自殺行為に等しい。それ程、心理カウンセリングにとって枠の設定は重要であると

いえる。

　では、「枠」とは具体的に何なのか。第一には、「時間の枠」である。心理カウンセリングを行う場合、予約という形で必ず時間の設定を行う。これは、クライエントのためだけにじっくりと話を聴くための時間をきちんと確保するということである。筆者の場合は、１回50分の面接時間を設定している。継続面接になれば、基本的には同じ曜日、同じ時間に週１回50分の枠を決めて面接を継続することになる。決められた50分はクライエントのためだけの時間であるため、キャンセルの連絡がない限りその時間は何もせずにクライエントを待つ。例え、別の面接の希望があってもその時間はクライエントのための時間として他の面接を入れない。そして、クライエントが遅刻をしても時間は延長しないのが原則である。

　「せっかく来談したクライエントに時間を確保しないのは不親切ではないか」、「相談したい時に相談できなければ意味がない」と言った不満を持つ人もいるかもしれないが、安易に枠を破り、時間を変更したり、延長して話を聴いたりすることは大変危険な行為である。特に重い問題を抱えるクライエント程、時間の枠は重要である。「いつでも会える」、「時間に制限がない」というのは、一見、親切そうに思えるかもしれないが、クライエントのためには明らかにマイナス要因である。いつでも会えるのは、クライエントに依存を生じさせ、境界を危うくし、面接そのものに悪影響を与える。安易にクライエントの要求をすべて呑むことは心理カウンセリングではないし、クライエントを守ることにはならない。そのため心理カウンセリングにおいては時間の枠を設定することが不可欠である。

　第二は、「場所」としての枠である。決められた時間に決められた場所で会うことは心理カウンセリングにおいて原則である。たとえ、クライエントに求められたとしてもカウンセリングルーム以外の喫茶店やクライエントの自宅で会うというようなことは避けなければならない。

　筆者が心理臨床の世界に入った頃、繰り返し学んだことは「場を整える」ということであった。具体的には学内にあるカウンセリングルーム

を指しているが、この「場を整える」ということが場所としての枠ということになる。「場を整える」とは、クライエントを迎え入れるための準備である。カウンセリングルームの窓を明けて空気を入れ替え、ソファやテーブルを整え、箱庭療法用具のセットや絵画、コラージュ等の創作活動ができるよう必要な備品を準備しておく。このように場を整えることはクライエントの守りとなり、クライエントが安心して自己の思いを語れる場となる。

　最後の枠は「料金」である。一般的に教育機関で行われる心理カウンセリングは料金が発生しない。その代わりに学生の授業料や施設設備費等がカウンセリングルームの維持費や人件費として配分されている。学校のスクールカウンセラーも生徒や保護者と直接料金のやり取りをすることはないが、決められた報酬が支払われている。

　医療機関や開業している臨床心理士の場合は、心理カウンセリングに対して料金が発生する。医療機関の場合は、保険内と保険外とでは料金が異なる。つまり、専門的な心理カウンセリングにおいては料金が発生するのが原則である。すなわち、料金がなければ心理カウンセリングは行ってはいけない。専門的な心理カウンセリング行為には料金が伴い、時間、場所という契約によって料金という枠で守られることになる。

　参考までに筆者が勤務する大学院が併設する臨床心理教育実践センターでは、初回面接4,000円、心理面接3,000円、並行面接5,000円、心理査定3,000円、コンサルテーション5,000円、スーパーヴィジョン5,000円となっている。

　この「時間・場所・料金」（河合，1986）という枠は、心理カウンセリングにおいて最も重要かつ不可欠とされる枠であり、この枠を欠いて心理カウンセリングは成立しない。この枠こそがすべての守りとなることを十分に理解し、心理カウンセリングを行う必要がある。

　筆者が学生相談室でインテーカー（初回面接者）として勤務していた頃、あるクライエントは初回の面接予約をするものの、約束の時間から1時間以上遅れて来談したことがあった。その時、担当セラピストは他の面接があり、面接室の中に居た。クライエントとのやりとりは以下の

ようなものであった。

　「時間はいつでもいいといいましたよね」
　〈××時の予約と伝えました〉
　「今日ならいつでもいいと言ったじゃないですか」
　〈いいえ、予約のお時間を伝えたはずです〉
　「僕はそんなこと聞いていない！何時間でもいいと言ったじゃない
　ですか！」
　〈面接のお時間は1回50分と伝えました〉
　「そんなの知らない！」

　しばらく、言った言わないの問答が続き、クライエントは受付で憤慨
し、その怒りを筆者に向けてきた。狭い受付には事務用のデスクとパソ
コン、コピー機と待合い用の長椅子が置いてある小さな部屋であった。
受付とは名ばかりのデスクを挟んだやりとりで、筆者はクライエントの
攻撃的な態度にとても困惑したことを覚えている。その時、ちょうど面
接を終えたセラピストが戻り、クライエントを面接室に通した。
　この出来事をどのように考えたら良いだろうか。なぜ、このようなこ
とが起こってしまったのだろうか。このことは筆者自身の守りの薄さで
あり、学生相談室そのものの守りも希薄になっていたと感じている。例
えば、学生相談室の体制であったり、学生部との関係であったり、心理
療法に対する周囲の偏見であったり、常に複数の課題があったように思
う。筆者自身もそのことを上手く説明できず、また納得させるだけの説
得力もなく、学生相談室の「枠」が揺らいでいた状態であったと思う。
また、筆者はインテーカーという立場からセラピストとクライエントを
つなぐ役割と大学と学生相談室をつなぐという重要な役割を担っていた。
組織で仕事をしていくためには多くの理解や協力を得なければならない。
恐らくそれらのジレンマに筆者自身が揺れていたのだと思う。
　「受付とは名ばかりのデスクを挟んだやりとり」はとても危うい状態
を示している。クライエントとの距離は手を伸ばせば届くような極めて

近い距離であり、デスクの横から侵入されれば逃げ場を失うしかない。

　しかし、デスクがあることで一定の「枠」は保たれている。ただ、その「枠」があることに甘んじていたら、同じように危機状態を助長することになりかねないのである。面接を終えたセラピストの登場がクライエントとの対決から守ってくれたと考える。これもまた「枠」の持つ守りではないだろうか。

　最後に心理カウンセリングにおいては枠を破らねばならないことが起こることもある。これらの行為は心理カウンセリングにおける枠と相反するものであるが、自殺や自殺企図といった命にかかわるような危機状態が発生した場合、時間・場所・料金のすべての枠を破って、クライエントの命を守ることを最優先にしなければならない。このような危機状態に臨機応変に対応できるのが専門家である。つまり、心理カウンセリングはきちんとトレーニングを受けた専門家が行うべきであり、単に「相談をもちかけられやすい」とか「話を聴くのが得意である」というような安易な動機でカウンセリングを行ってはいけない。そのためのライセンスが「臨床心理士」という専門の資格である。

　2015年に国家資格である公認心理師法が成立したため、今後は、学校現場に学部卒の公認心理師が入ってくる可能性が高くなるであろう。公認心理師は「医師の指示のもと」にカウンセリング行為を行うことになるため、学校現場においても「医師の指示」が必要となる。

　大学に学生相談室が設置されるのは、今やあたりまえとなっているが、学生相談室が設置される以前はその役割を学生課の職員や保健室が担っていた。当然ながら、時間、場所、料金の枠のないなかで学生の話を聴くことになる。よろず相談などには対応できたかもしれないが、精神的な病気や重たい問題をかかえる学生に対応できず、また、本来の業務にも影響を与え、お手上げ状態になってしまった例もある。つまり、「何とかしてあげたい」、「救ってあげたい」という安易な熱意や同情で話を聴いてはいけないということである。

　同時に心理カウンセリングにおいて「守秘義務」は絶対に遵守しなければならない。臨床心理士の倫理綱領では守秘義務と情報開示に関して、

以下のように規定している。

*第2条1（秘密保持）業務上知り得た対象者及び関係者の個人情報及び
相談内容については、その内容が自他に危害を加える恐れがある場合又
は法による定めがある場合を除き、守秘義務を第一とすること。*
*第2条2（情報開示）個人情報及び相談内容は対象者の同意なしに他者
に開示してはならないが、開示せざるを得ない場合については、その条
件等を事前に対象者と話し合うように努めなければならない。*

　学校現場において生徒の話を聴く場合も同様の守秘義務が求められる。
つまり、生徒が話した内容は面接室だけの場で共有されるものであり、
それを第三者に話したりしては絶対にいけない。万一、面接室で話した
ことが他者に漏れていることがわかってしまえば、信頼を失い、クライ
エントは二度と来談しないであろう。
　心理カウンセリングを行う上でのトレーニングの場となるスーパー
ヴィジョンやコンサルテーション、事例研究会などでは事例を提示する
ことになる。いずれも十分に守られた場であることが前提であり、その
際に使用する資料は回収すること、ケース内容はその場以外では他言無

写真6-2-1　カウンセリングルーム（常葉大学演習室）

用であることを遵守しなければならない。もし、スーパーヴィジョンやコンサルテーション、事例研究会などで事例を扱う場合は、事前にクライエントの同意が必要とされる。つまり、クライエントの同意なしにこれらの内容を開示してはならない。学校現場や医療機関などチームでひとりのクライエントを支えていく場合には情報共有が求められるが、これも、どの範囲で、どの程度の内容なのか、あらかじめクライエントの同意を得ておく必要がある。

第3節　転移・逆転移

「転移」に対してその対極にあるのが「逆転移」であるが、広い意味ではそのいずれもが、クライエントとセラピストの二者における関係性の中で起こってくるものである。

「転移」とは、「精神分析の過程でクライエントが過去の葛藤や対人関係を援助者との間で繰り返す非現実的態度」（徳田，2007）とされ、クライエントからセラピストへ向けられるもので、この関係性を最初に見出したのが Freud, S（1912）である。「転移」には、親近的な感情を伴い肯定的な「陽性転移」と、拒否的な感情を伴い否定的な「陰性転移」とがあり、「陽性転移と陰性転移は表裏一体で存在する」（水戸，2004）とされる。河合（1993）は、ユング派の転移に関する考え方について「治療が深まると共に、治療者は、クライエントと共に、その個性化（individuation）の過程に深く関与してゆくものである」としている。そのため、セラピストはクライエントの転移に対してできる限りゆれないことが重要である。主観をまじえず中立的な態度を保持することが重要とされる。

「転移」は、教師と生徒の二者間でも生じることがある。例えば生徒が教師に対して陽性転移の典型として恋愛感情を抱くケースが多々あり、異性の場合は特に気を付けなければならない。対応を誤ればセクハラとして訴えられる場合もある。生徒のために良かれと思って取った言動が誤解や過ちを招くこともある。もちろん、その深さやレベルは心理カウンセリングにおける転移・逆転移とは全く別物であるが、教師は生徒か

ら向けられる感情をどのように受け止めていくのかは注意が必要になる。そのためにも、「枠」を守って生徒と向き合うことが重要である。

また、「転移」には、常に危険が伴うことも認識しておく必要がある。河合（1993）は、「深い転移関係によって活性化される無意識の内容やそこに動くエネルギーに対して、あくまでもその変容過程を共にしてゆくだけの力をもたないときは大変なことになる」と転移の危険性について指摘している。例えば、セラピストに原因不明の体調不良が続いたりする場合は、クライエントとの関係について、改めて考え直してみる必要がある。しかし、転移は自分では意識できないところではじまり、進行していることがほとんどであり、何らかの出来事や身体症状によって気付かされることになる。したがって、セラピストは自分自身の症状に敏感であることが自分自身を守ることになるであろう。

「逆転移」とは、「クライエントの言動によって援助者が治療関係の中で反治療的に反応する場合に起こる、援助者の無意識的反応である」（徳田，2007）とされる。つまり、転移に対して、逆転移は、クライエントに対して引き起こされるセラピスト自身の感情反応のことを言う。セラピスト自身の問題がクライエントとの二者関係の中で反映され治療を阻害することがある。そのため、セラピストは逆転移に対してスーパーヴィジョンなど専門的な訓練を受ける必要がある。

教師も生徒との関係の中で逆転移が引き起こされる場合がある。転移同様、慎重に対応しなければならない。しかし、転移や逆転移は自分では認識できない間に始まり、知らない間に巻き込まれていく。こうした状況に翻弄されず、深い洞察をしていくことによって治療的価値が出てくるとも言われる。転移・逆転移をマイナスイメージとは考えず、相手との関係性が深まっていく中には転移・逆転移が起こってくるということを認識しておく必要がある。

第4節　言語的技法

　心理カウンセリングの多くが、この言語的技法となる。つまり、言葉

を介したやりとりである。注意しなければならないのは、クライエントができるだけ話しやすい雰囲気をつくりだすことであり、共感的態度で話を聴くことが重要である。さらに、話の流れをゆがめないようできる限りクライエントの流れについていくのがセラピストの仕事である。

　過剰な質問や話の展開をかえるような流れはカウンセリングとは言わない。あくまでも主体はクライエントであり、クライエントの方向性を支持的に見守っていく態度が重要となる。

　教師が生徒とのかかわりを持つ場合、この言語的なやりとりが大部分となってくる。しかしながら中学・高校の生徒たちは言語による表現方法には不十分な部分も持っている。したがって言語的技法を基本としながらも非言語的技法も併用していくことも考慮しなければならない。

　カウンセリング場面における言語的技法は、いくつかの技法がある。

　筆者が心理カウンセリングを行う場合のベースとなるものが、ユング派の心理療法である。

　分析的心理療法とは、ユング派心理療法とも言われ、分析心理学の創始者 Jung, C, G. の流れをくむもので、その心理療法は夢分析が中心となる。また、夢以外にもファンタジー、絵画、箱庭、コラージュといったイメージ表現に重きを置くことも大きな特徴とされる。無意識の重要性を発見したのはフロイトであるが、ユングはさらにその深くに「大宇宙に匹敵する小宇宙を見た」（大場, 2005）とされる。人間のこころの無意識の底には個人的なものを超越したより深い層があり、それは人類に共通するようなものであると考え、「普遍的無意識」と呼んだ。このことは、フロイトが個人的無意識の問題となる神経症患者の治療に取り組んだのに対し、ユングは統合失調症患者の世界をより深く理解するために「普遍的無意識」の世界を見出した。この普遍的無意識の中に人類共通のパターンがありそれを「元型」と呼んだ。元型には、グレートマザー、シャドゥなどがあるが、ユングが特に重要視したものが「アニマ・アニムス」である。アニマは男性のこころにある女性的側面であり、アニムスは女性にある男性的な側面を指す。無意識の中で元型が動き始めると、それが様々な症状となって問題を引き起こすことになるが、そ

の問題を解決していくためには、元型と対決し自分自身の中に統合していくことが必要となる。このことをユングは「個性化の過程」と言い、「一生涯続く意識と無意識との間の対決・変容・折り合い探しのプロセス」（大場，2005）とされ、ユング心理学においては、「個性化の過程」こそが、心理療法の大きな目的となる。こどもが大人になっていく過程で「個性化の過程」は必要不可欠なものであり、教師にとって生徒の個性化にどう寄り添っていくのかが大きな課題となる。

　言語的心理療法は文字通り、言語を介するものであるが、その中でももっとも深い部分に触れるのが夢分析である。夢について心理療法への適用は Freud. S が最初とされる。フロイトの『夢診断』（1900）では、「夢診断の連想やインスピレーションを無視して、もっぱら夢見手の夢からの連想と象徴解釈に基づいて夢診断を行った」（西村，2004）つまり、フロイトの夢の解釈は、夢見手の連想が重視される。一方、ユングは、「夢を無意識の心の表現であると考え、夢そのものの内容を慎重に考慮することが大事であると考えた」（西村，2004）とされ、フロイトとユングにおいては同じ夢を扱いながらも、その解釈が異なる。夢解釈者の主観的な連想や直感を排除したフロイトに対し、ユングはむしろそれらを重視したことにおいても大きく異なる。

　ユング派においてはイメージを重要とするため、夢をみたクライエントの連想の他にセラピストとの関係性が特に重視される。ユングは夢の働きについて、「意識的な態度を補償するもの」、「未来の指針となっているもの」、「意識的な態度を引き下げる逆補償的なもの」、「無意識をそのまま描写するもの」、「未来を予知するもの」としており、ここからわきあがってくるイメージをとても大事にしているため、夢そのものに余計な解釈を加えたり、断定したりすることは控えなければならない。

　クライエントとの面接の中で夢が話題にあがることがある。クライエントからの訴えは「夢を見たんですが、どんな意味があるんでしょうか」という疑問である。世間では夢に関する How to 本などが出回っているが、心理カウンセリング場面であつかわれる夢はセラピストとの関係性の中で起こっているため、これらは全く質の異なるものである。筆

者の場合は、「夢を見たら記録しておいて、次回の面接に持ってきてください」というようにしている。ここから、クライエントはこの夢に対して、どのような連想をしたのか、どのようなことを感じたのかを言語化することが面接の中での語りとして意味を持つものになってくる。夢分析の目的は夢を解釈したり理解することではない。夢を通じて人生を如何に生きるのかが課題であり、守られた場でセラピストとの関係性において語られる夢だからこそ、意味があるのである。そのため面接場面で語られる夢については、慎重に対応する必要がある。

　また、心理カウンセリングの中でクライエントがはじめて語る夢は「イニシャル・ドリーム」と言われ、治療過程において重要な意味を持つものとなる。大場（2004）は、「その治療過程の全体を予見的に表現していることが多いものである」としている。また、面接の終結近くにこれまでの治療過程を総括したり、治療者からの旅立ちをテーマとするような夢が報告されることがあり、このような夢は「ターミナル・ドリーム」と言われる。イニシャル・ドリーム同様に、面接のキーワードとなる重要な夢となる。

　一方で夢は現実と非現実の境を介するものであり、その扱いには十分注意する必要がある。また、面接の中で夢を扱う場合は、セラピスト自身が夢分析を受けた経験と十分な訓練を受けていることが必須であり、クライエントの語る夢の世界を引き受けられることが夢分析に求められる。したがって、興味本位や十分な訓練をうけていない人は夢を安易に扱うべきではない。

［事例研究］
　実習の失敗から来談した女子学生との面接過程
　1．事例の概要
　クライエント：Aさん、女性、B学科3年生、20歳
　主訴：「実習で失敗した。どうしたら良いかわからない」
　家族構成：父（会社員）、母（専業主婦）、長女（会社員）、長男（会社員）いずれも県外で独立している。Aさんは大学近くで一人暮らし。

来談経緯：Ａさんの所属する学科の教員より依頼を受ける。本人もカウンセリングを希望しているとのこと。

　臨床像：長身でがっちりとした体格。色黒、ノーメイク。無表情で淡々と話す。

　見立て：自分自身の感情を表に出すことが困難である。自己の思いを表現できる場が必要である。今後の実習と卒業に向けてという外的なサポートとクライエント自身の内的な感情を表せる場としていきたい。

　2．面接経過　Ｘ年４月～Ｘ＋１年１月、計23回

　第１期：実習後の苦悩（＃１．Intake ～＃６）

　Ａさんは初等教育を専攻しているが、２月に行った実習で「不可の判定」となる。実習初日に不審者と間違われ、関係者に通報されるというエピソードが語られる。実習では「子どもが寄ってこない」という状態に陥り、実習担当教師から「審判みたい」との指摘を受ける。実習後の事後指導では「卒業できない」と言われ、苦悩する（＃１）。Ａさんにとって、決まったことを行う作業はできるが、自分自身で考えて行動したり、新たなものを作り出す作業は苦手であることが語られる。また、次に控えている実習について「私は視野が狭い。意欲的に全体を見ろと言われるけど、できない」と不安を語る（＃２）。指導案や計画書の作成が苦手である。物事を順序立ててやったり、形をつくることへの大変さが語られる。風景構成法１回目実施（＃３）。連休で実家に帰省するが「家に帰るとうるさいって言われる。声が大きくなるみたい。普段は静か」。姉の結婚が決まったことが報告される（＃４）。体調不良を訴える。鼻水、微熱あり。病院へ行くよう勧める（＃５）。体調不良の訴えがつづく（＃６）。

　第２期：姉との対決から得られたもの（＃７～＃９）

　「姉は献血マニア。自虐的でいや」と批判する（＃７）。実習では食欲が落ち、食事が喉を通らない。給食に対する苦手意識があり、「トラウマがある」と語る。自分自身の性格を「気まぐれ。寂しがり屋。消極的」と表現する（＃８）。姉と「激しい怒鳴り合い」となるものの、Ａさんなりに自分の考え方や姉との意見の違いを納めることができた。小

6から中3までいじめを受けるが皆勤賞を貫き、「黙って我慢したらそのうち過ぎるって思ってた」と語る（＃9）。

第3期：実習へ向けて（＃10～＃12）

学外のゴスペルサークルから勧誘を受け、参加するが行ってみると教会であった。「おもしろそうだから、行ってみた」と抵抗なく語る（＃10）。8月後半に実習が決まるが、実習への怖さや不安が語られる（＃11）。

前期試験、夏期休暇を経て、面接再開。「今回は楽しくできました」と実習の報告。今後の実習次第で卒業できるかどうかが決まるとのこと（＃12）。

第4期：体調不良（＃13～＃17）

くしゃみを連発する。不規則な生活が続く（＃13）。生活のリズムが崩れ、体調不良を訴える（＃14）。病院で気管支炎との診断。足の捻挫。大学内での宗教勧誘が問題となるが、「ひっかからないように友達と居るようにしています」と距離を置く語りがみられる（＃15）。咳が長引く。別の医療機関へ転院するが、状態は変化せず。咳止めと抗生物質を処方される（＃16）。実習のための抗体検査、2回目で抗体ありとなる。風景構成法2回目（＃17）。

第5期：実習のふりかえり（＃18～＃23）

職業としての先生像を語る（＃18）。バス停でバスが通り過ぎ、遅刻との電話。時間を変更して面接の約束をする。実技系の授業で再び捻挫。気になる咳も続いている（＃19）。初めて教員にアドバイスをもらい、課題をまとめる。春休みは車の免許に挑戦する（＃20）。実習報告会が開催されるが、Aさんは発表せず。「私は聞いてる側」（＃21）。冬期休暇。次回の実習校とのうち合わせで更に不安が募る（＃22）。

＃23. 次回以降、春期休暇。「自分でやれるだけやってみようと思う」終結。

X＋2年、卒業。

3．考察

資格取得を卒業要件とする学科では、入学後の目標や卒業を見据えた方向性をシュミレーションできないと学業そのものが危うくなる。同時

に、資格取得において実習は不可欠となる。その実習で失敗してしまい、実習不可の判定から危機状態で来談したＡさんは、面接と並行して次の実習をクリアできたことから、Ａさんなりに自信を持てるようになった。無表情は周囲から自分を守るための鎧のようなものであり、一方で、咳、ねんざ等の身体症状は不安の現れとも考えられる。医療機関を受診するも回復に向かわず、気になる咳は面接の最後まで続いていた。また、守りの薄さという点では、ゴスペルサークルの存在はＡさんの生活に変化をもたらした。一度はゴスペルサークルに足を踏み入れたものの、適度な距離感を保つことができたのも、Ａさん自身が持つ守りの強さであるかもしれない。

　一方で、症状は大きな病が隠れている可能性も否めない。したがって、面接場面でのくりかえし訴えられる身体症状には、医療機関を勧めることがお互いにとって「守り」になるであろう。

　高石（2009）は、転移／逆転移における治療者の身体感覚に言及し、「身体感覚もまた、慎重に吟味しなければならない不確かな指標」としている。したがって、セラピストはクライエントの身体症状だけでなく、自分自身の症状についても気づきを持つ必要があるのではないかと思う。

　面接の中で実習の出来事をふりかえり、最終的には卒業に導くことができたことは学生相談室の役割として、有効であったと考える。

第5節　非言語的技法

　クライエントとの直接の言語によるやりとりに対し、非言語的技法では言語によらないイメージが主体となる。心理療法においては絵画、箱庭、コラージュ、粘土など、多くの技法が存在する。非言語的技法は、必ずしもセラピストの得意とする技法にのせるのではなく、クライエントが自己表現しやすい技法を提供する必要があり、守られた枠の中で自己表現ができるよう配慮しなければならない。

　クライエントの内的イメージを出させることは、一方では危険も孕んでいる。クライエントの表現するイメージについていけない場合や、耐

え難い逸脱行動は制止すべきであり、しっかりした枠を保持しなければ
ならない。また、クライエントに無理に絵を描かせたり、クライエント
が気乗りしない場合は実施すべきではない。自分自身が表現してみたい
と思った時にその場を提供することの方が非言語療法として意味がある。
　以下、教育機関で比較的良く使用されている非言語的技法を紹介する。

1　箱庭療法

　Lowenfeld, M. の世界技法を学んだ、kalff, D. M. によって発展した技
法である。日本へは河合隼雄が1965年に箱庭療法として紹介し、教育機
関のみならず、児童関係、医療関係など、急速に広まり、幅広く使われ
ている技法である。

　箱庭療法に必要なものは、砂箱、砂、おもちゃである。クライエント
は、砂箱に入った砂の上に自分の気に入ったおもちゃをもってきて置く
という極めて単純な作業である。しかし、この作業が治療的な効果をも
たらす。

　箱庭療法において、カルフが最も強調したものは、「自由で保護され
た空間」である。クライエントとセラピストの関係性（「母子　一体性」）
の中でこそ治療的意味を持つ。箱庭療法は両者の関係性の中で表現され
るものであり、クライエントのつくる作品を受容的態度で見守ることが
最も重要である。適用対象は幅広く子どもから老人まで可能であるが、
一般的に統合失調症の急性期は不適とされている。

　教師を目指す人は、箱庭療法を熟知する必要はないが、自己表現のた
めのひとつの技法として学生時代に体験してみるとより理解できるであ
ろう。しかし、箱庭療法を実際の面接の中で行う上では専門家としての
トレーニングを受ける必要がある。個人の内的世界を扱う箱庭療法では、
クライエントとセラピストとの関係性が最も重視される。道具があるか
らと言って安易に行うべきではない。クライエントの内的世界に共感し、
引き受ける覚悟がなければやるべきではない。

　学校内の教育相談室においては、1セット準備できることが理想であ
るが、予算や場所、維持費の問題があり、学校現場に導入するには必要

写真6-5-1　箱庭作品（大学生・女性 2011）

な予算を組んで検討していく必要がある。

2　コラージュ療法

　箱庭と同様、コラージュも教育現場でよく使われる技法の１つである。コラージュ療法は芸術療法の１つであり、元々は1910年代にピカソらによって導入された芸術作品であった。技法は極めて簡単で、雑誌や写真など自分の気に入った既製物をはさみで切り抜き、のりで台紙に貼るという方法である。

　日本では1987年に森谷寛之が箱庭療法をより簡便にし、持ち運び可能な箱庭療法として発展させた。コラージュ療法には、クライエント自身が雑誌をぱらぱらとめくりながら、気に入った絵や写真を切り取って１つの作品をつくりあげる「マガジンピクチャー法」やセラピストがあらかじめいくつかの切り抜きを用意しストックしておいた切抜きの中からクライエントが選んで貼るという「コラージュボックス法」とに分類される。

　コラージュ療法の特徴（杉浦，1994）は以下の通りである。

①台紙、はさみ、のり、雑誌があればいつでもどこでもできる。

②雑誌持参の場合、より内的世界がでやすい。

③絵を描くことに抵抗がある人も導入しやすい。

④幼児から高齢者まで年齢を問わない。

⑤知的作業としても捉えられ、成人男子でも抵抗が少ない。

⑥表現の仕方によって、性格、特徴、病理性、状態像が把握できる。

⑦相互法により交流が図りやすい。母子相互法＝コミュニケーションの改善に有効。

⑧どのような学派にも左右されない。

⑨適用範囲が広い。

スクールカウンセリングの現場では良く利用されている技法である。

もともと美術教育の一環としても使用されているため、教師となる人も体験しやすい技法と言える。また、雑誌、はさみ、のり、画用紙という簡単な備品を用意するだけで実施可能なため、学校現場の教育相談室でも導入しやすいものだと思われる。箱庭療法同様、無理に表現させることは避け、あくまでも本人の表現してみたい気持ちを尊重することが重要である。

3 絵画療法

絵画療法にもその目的に応じて様々な種類がある。それぞれ別の紙に女性と男性を描かせる人物画（Drawing of the Human Figure, Human Figure Drawings）（Machover, 1949; 扇田, 1958; 空井, 1986）、家・木・人を描くHTP法（Buck, 1948）、ぐるぐる描きから連想するものを描くMSSM法（山中, 2003）、動的家族画（KFD）（Burns&Kaufman, 1970・1972）などはその一部である。絵画は自由度が高く、その適用範囲も広いことから、臨床場面では多々用いられている。

学校現場におけるカウンセリング場面で良く利用されているものに、バウムテストと風景構成法（LMT）がある。

1）バウムテスト

スイスのカール・コッホの考案による人格テストである。Ａ４サイズ

の画用紙と４Ｂの鉛筆を配布し、「実のなる木を１本描いてください」という教示のもと実施する。時間は基本的には制限しない。また、個人でも集団でも実施は可能である。描画終了後に用紙の裏に、氏名、実施年月日、性別、生年月日等の基本的な情報といくつかの質問をする。筆者の場合は、木の名前、木の高さ、樹冠の幅、幹の太さ、樹齢などを聞く。さらに、「以前はどんな木でしたか？」（過去）、「今はどんな木ですか？」（現在）、「これからどうなっていきますか？」（未来）などを聞き、最後に感想を書いてもらうようにしている。

　学生相談室などのある程度守られた場で実施する場合は、これらの裏書をもとに作品を共に味わう作業を行うことになる。多くの場合、絵の解釈を求めてくる場合があるが、筆者の場合はどのような想いでこの木を描いたのかということに焦点をあてて、話を聴くことにしている。

　一般的な解釈としては、描かれた木の大きさや筆圧、描画にかかった時間、実の状態などを見るができるだけクライエントから出てくる言葉を大事にし、不要な解釈は加えないようにしている。

　また、描画は自由な表現であるが、守られた場での表現であることや、見守り手との関係性によって大きく変化することを熟知しておく必要がある。

　また、バウムテストには２枚法と言われる変法や３枚法における「夢の木」（Castilla, D., 1995／2002）、河合・名島（2008）の「未来の木」、「想像の木」法（工藤，2009, 2011）、「カミの宿る樹」（塚崎，1993）、「桜の木（Baum-C）」（後藤，1975）など、多くの変法がある。

　評価方法としては、Kochの58指標と幹先端処理の評定結果など、印象評定、定量的評価が多く用いられているが、実際の臨床現場では先述したように、クライエントとセラピスト間との関係性の中での絵を介したやり取りが重視されている。印象評定はある程度の熟練が必要とされ、信頼性は評定者に左右されるところが大きい。また、定量化評定においては一谷ら（1983）がチェックリストを作成しており、1．全体的所見、2．風景および付属物、3．地平、4．地平と木との関係、5．幹の基部、6．根、7．幹、8．枝、9．冠、10．果・花・葉の分析項目から

成り立っている。

　以下は中学生女子にバウムテスト2枚法を施行したものである（模写）。
1枚目の木はりんごの木でバウムテストでは最も多く描かれるもので、
「りんご以外思いつかなかった」と語っている。施行時間は5分であっ
た。2枚目の想像の木は「下から木を見上げている」と説明してくれた。
いずれの木も余りエネルギーはかけられておらず、筆者の求めに応じて
端的に表現されたものである。2枚目は「想像の木」と教示したが、中
学生の作品は通常のバウムテストに色が付けられたものとなっており、
表現としては乏しいものとなっているが、この年代としてはありがちな
表現である。

　描かれた木の解釈においては、グリュンヴァルトの空間図式が良く使
用されている（図6-5-1）。Koch（1970）の著書において紹介している。
バウムテストに限らず、箱庭や風景構成法などの表現療法に活用されて
いるものである。

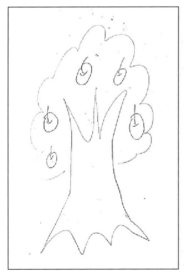

写真6-5-2　バウムテスト（中学
生女子）

写真6-5-3　想像の木（中学生女
子）

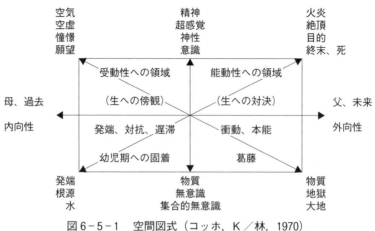

図6-5-1　空間図式（コッホ，K／林，1970）

2）風景構成法（LMT）

　風景構成法 Landscape Montage Technique；LMT）は、精神科医、中井久夫によって1969年に創案された絵画療法の技法の一つである。元々は箱庭療法の予備テストとして、箱庭を統合失調症に使えるかどうかを判断するためのものであったが、それだけでなく治療的効果もあることから、教育現場でも使用されている技法である。

　風景構成法を描いてもらう準備として、Ａ４サイズの画用紙、黒のサインペン、24色のクレパスを準備する。画用紙に５ミリ程度あけてセラピストがサインペンで枠をつけ、クライエントに渡す。「これから私が言うアイテムを順番に描いてもらいます。最後に１つの風景になるようにしてください。上手い下手は関係ありませんので、自分が思うように描いてください」と教示し、素描が終わったらクレパスを渡し、彩色をしてもらう。その後、アイテムに関する質問や風景の季節、時間、描いてみた感想などを聴くようにしている。これから風景構成法を体験する人もいるかもしれないので、あえてここではアイテムの順番や詳細な質問事項の記載は差し控える。

　風景構成法において筆者が特に大事にしていることは、描かれた絵を介してクライエントの持つ世界を共に味合うことである。「これを描い

たからどうだ」というものではなく、クライエントのこころの風景に寄り添う態度が最も大切である。風景構成法の評定においては、高石（1996）の構成型、内容分析が多く用いられている。

　教師を志す人は、まず、自分自身が守られた場で風景構成法を体験してみることが良いであろう。専門書以外のネット情報などには誤った解釈もあるため、安易な診断をしないように注意しなければならない。前述した箱庭療法以下、すべての芸術表現療法はセラピストとの関係性の中で表現されるものであって、「適度な心理的退行」が起こりやすいことも留意しておく必要がある。

　下記の風景構成法は中学生女子（模写）（写真6-5-4）のものであるが、描き方、塗り方は雑であり、若干のはみ出しも見られる。動物のうさぎは具体的な描き方ができているが、人は棒人間であり、表情も読み取れない。付加として、太陽と川の中に魚を泳がせた。感想としては「めんどくさかった」と答えたため、やらされた感が強い印象が残った。この年代には、絵画への導入や動機付けが必要とされるが、無理強いをしないように注意しなければならない。

写真6-5-4　風景構成法（中学生女子）

3）災害時の表現活動について

　阪神・淡路大震災当時の災害時のこころのケアの中心は Mitchell
(1983) による Psychological Debriefing（以下、PD）が推奨されており、
できるだけ早期に外傷体験を語らせ、感情を吐き出すというものであっ
た。元々は災害救援者用に用いられており、グループによる被災体験や
感情の共有から対処法に関する心理教育を受けるというものである。の
ちにこの方法は効果が実証されず、かえって有害であるとも報告されて
いる。阪神・淡路大震災では PD が広く紹介され、PTSD の予防に効果
的であると推奨されたため、震災直後にこどもたちに絵をかかせたり、
震災の体験を作文に書かせるなどのことが起こってしまった。これらの
出来事について河合 (1995) は何度もマスコミを通じて、「心の傷を余
計に深くする」と警告している。表現活動は癒し効果があるのではない
かと思われがちであり、避難所にもボランティアと称した団体が「絵画
療法やります」と言って介入してきているが、避難所という不安定で守
りのない場では、このような表現療法は絶対にやってはいけない。なぜ
ならば、守りのない中での表現は、怒りや悲しみの感情がコントロール
できず、表出されてしまうからである。特に、水彩画は、感情が広がり
やすく、攻撃性を賦活させるため危険である。

　現在は PD に代わって、災害時のこころのケアとして、Psychological
First Aid（心理的応急法：PFA）が推奨されている。これは少しの知識
があれば誰にでもできる、こころのケガの回復を助けるための基本的な
対応法を効率よく学ぶためのガイドで、治療ではなく自然な回復を支え
るための支援をすることが目的となる。事前に PFA を知っておくこと
で予防できることは多々有り、災害時に地域住民が共に助け合っていく
ためにも PFA を活用することが求められる。

　東日本大震災では、日本心理臨床学会が、教師・心理職（対人援助
職）に向けた災害後に必要な体験の段階モデルを提示した。（図6-5-
2）ここでは時期を特に限定せず、その時の状況に応じた段階での体験
や表現が出されているが、安全・安心体験が確立した上での「トラウマ
体験の表現」であることが重要である。東日本大震災では、震災から1

①安全・安心体験	1-1 身体の安全
	1-2 つながりの安心
②ストレスマネジメント体験	2-1 からだの反応への対処
	2-2 こころの反応への対処
	2-3 再開した学校でのストレス対処
	2-4 命を守る防災訓練
③心理教育体験	
④生活体験の表現	
⑤トラウマ体験の表現	
⑥回避へのチャレンジ体験	
⑦喪の作業	

図6-5-2　災害後に必要な体験の段階モデル（2013）

年後に「こころのサポート授業案」や「中長期支援におけるこころのケアのあり方」など、学校での取り組みについて参考例が記載されている。また、福島県では原発事故という他県とは異なる災害への対応として、教師と児童生徒による学級活動・福島版「学級ミーティング」も実施されている。

　東日本大震災におけるこころのケア教訓は生かされたか。その問いを投げかける前に、2014年には全国で豪雨災害が発生した。続いて、2015年の夏にも関東・東北で豪雨災害が発生した。2週間後に再開された学校では、2割のこどもたちが避難所から登校してきた。その時に行われたことは、豪雨災害の体験についてこどもたちに作文を書かせ発表するというものであった。この表現の時期は適切であったのか、特にこどもの支援にかかわる教師には、災害時のこころのケアについての専門的な研修プログラムが必須となってくるであろう。災害もまた、教師にとっては必要な支援のひとつである。

注
　文中の箱庭作品、バウムテスト、風景構成法の4作品（模写）については、本

人及び保護者の同意を得て掲載している。

参考文献

コッホ，K / 林勝造他訳（1970）『バウムテスト』日本文化科学社．

兵庫県こころのケアセンター（2011）サイコロジカル・ファーストエイド実施の手引き第2版日本語版　http://www.j-hits.org/psychological/pdf/pfa_complete.pdf#zoom=100（2015年9月30日参照）．

福島県こころのケアマニュアル〈現場活動編〉　https://www.pref.fukushima.lg.jp/uploaded/attachment/50145.pdf（2015年10月25日参照）．

河合隼雄（1992）心理療法とは何か　『心理療法序説』　岩波書店．

河合隼雄（1986）心理療法における時間・場所・料金について　『心理療法論考』新曜社．

河合隼雄（1995）序－初めての災害・心のケア　『心を蘇らせる』　講談社．

Mitchell JT : When disaster strikes.The critical incident stress debriefing process. Journal of Emergency Medical Services, 13 (11), 1983.

西村州衛男（2004）夢分析、心理療法の種類　『心理臨床大事典』培風館．

日本心理臨床学会　教師・心理職等（対人援助職）のみなさんへ—時期と段階に応じた心のケア（災害後に必要な体験の段階モデル）—　http://www.ajcp.info/heart311/stagemodel.html（2015年10月25日参照）．

大場登（2000）ユングの「ペルソナ」再考—心理療法学的接近『心理臨床学モノグラフ』創元社．

高石浩一（2009）身体感覚を通して顕わになる転移　『心理臨床関係における身体』　創元社．

徳田英次（2011）『臨床心理士試験対策心理学標準テキスト　指定大学院入試対応版〈'11～'12年版〉』秀和システム．

山本陽子（2003）話を聴くということ　『心の教育とカウンセリング』　八千代出版．

第7章

介護等体験実習の意義

第1節 介護等体験実習とは

　介護等体験実習は、平成10年より施行された「小学校及び中学校の教諭の普通免許状授与に係る教育職員免許法の特例等に関する法律」（通称：介護等体験実習特例法）により、小学校・中学校の教員普通免許状を取得しようとするものに、一定の期間、介護等の体験を義務づけるものである。

　その目的は、「義務教育に従事する教員が個人の尊厳及び社会連帯の理念に関する認識を深めることの重要性にかんがみ、教員としての資質の向上を図り、義務教育の一層の充実を期する観点から、小学校又は中学校の教諭の普通免許の授与を受けようとする者に、障害者、高齢者等に対する介護、介助、これらの者との交流等の体験を行わせる措置を講ずるため、小学校及び中学校の教諭の普通免許状の授与についての教育職員免許法の特例等を定めるものとする」とされ、特別支援学校において2日間以上、社会福祉施設等において5日間以上、計7日間以上の実習を行うこととなる。

　教師を志す人になぜ介護等体験が必要であるのか、その目的は介護等体験特例法第1条の趣旨にある「個人の尊厳及び社会連帯の理念を深める」ことである。つまり、人間理解と他者とのコミュニケーションを通じ、ノーマライゼーションの精神を学び、より広い視野をもった教師として活躍していくためである。

　介護等体験実習では、障がいを持つ人、高齢者を特別な人とみるのではなく、一人の人間として、社会の一員として尊び、体験を通して人間

を理解し、様々なコミュニケーションの方法を体験することに大きな意義がある。なぜならば、人間理解は教師として最も基本的な姿勢であり、人間理解なしには、教師の仕事は成立しないからである。教員免許状を取得するために必要とされる介護等体験実習は7日間というわずかな時間にすぎないが、教師を志すものとして、特別支援学校および社会福祉施設での体験が教師となった将来も役立つ実習であると期待されている。

第2節　特別支援学校

文部科学省によれば、特別支援教育とは、「障害のある幼児児童生徒の自立や社会参加に向けた主体的な取組を支援するという視点に立ち、幼児児童生徒一人一人の教育的ニーズを把握し、その持てる力を高め、生活や学習上の困難を改善又は克服するため、適切な指導及び必要な支援を行う」とされる。平成19年に、「特別支援教育」が学校教育法に位置づけられ、すべての学校において、障がいのある幼児児童生徒の支援をさらに充実していくこととなった。

文部科学省（平成27年5月1日現在）によれば、特別支援学校数は、全国で1,114校あり、在籍する幼児児童生徒数は、137,894人となってい

表7-2-1　特別支援学校（幼稚部・小学部・中学部・高等部）に在籍する幼児児童生徒数

区分	学校数（校）	在籍幼児児童生徒数（人）				
		計	幼稚部	小学部	中学部	高等部
視覚障害	83	5,716	215	1,767	1,229	2,505
聴覚障害	118	8,625	1,174	3,139	1,943	2,369
知的障害	745	124,146	218	34,737	27,987	61,204
肢体不自由	345	32,089	132	13,541	8,316	10,100
病弱	145	20,050	32	7,490	5,604	6,924
総計	1,114	137,894	1,499	38,845	31,088	66,462

（出所：文部科学省より一部抜粋）

る。幼稚部では、聴覚障害が最も多いが就学後は知的障害がとびぬけて多くなっている（表7-2-1）。

　特別支援学級は、小中学校において上限8名とする少人数制で障がいの種別によって知的障害、肢体不自由、病弱・身体虚弱、弱視、難聴、言語障害、自閉症・情緒障害の学級がある。平成27年現在では、34,324学級となっている。

　また、通級による特別支援教育の形態もある。これらは通常の学級に在籍しながら、「言語障害、自閉症、情緒障害、弱視、難聴、学習障害（LD）、注意欠陥多動性障害（ADHD）などのある児童生徒を対象」として、「障害に基づく学習上又は生活上の困難の改善・克服に必要な特別の指導を特別の場で行う教育形態」とされ、小学校で87,768人、中学校9,502人の計97,270人（平成27年）が対象となっている。

　これら特別支援学校、特別支援学級、通級指導のいずれもが年々増加傾向を示しており、通常の枠では子どもが溢れ、教室の確保にも困難をきたしている状態である。各都道府県では、新たに特別支援学校が新設されるなど、全国的に見ても特別支援教育の対象は増加している。

　文部科学省は発達障害について、「自閉症、アスペルガー症候群その他の広汎性発達障害、学習障害、注意欠陥多動性障害その他これに類する脳機能の障害であってその症状が通常低年齢において発現するもの」と定義している。

　発達障害は、特別支援教育の対象であり、特別な支援を必要とする生徒の中で最も大きな割合を占めている。平成27年度通級による指導実施状況調査（2015）によれば、障害種別に割合を見ると、言語障害が39.1％、自閉症が15.7％、情緒障害が11.8％、学習障害（LD）が14.6％、注意欠陥多動性障害（ADHD）が16.2％、難聴等その他の障害が3.32％となっている。その中でも、発達障害の児童生徒は右肩上がりで増え続けている（図7-2-1）。

　このような社会現象は、1歳半検診や3歳児検診での発達検診での早期発見などもあげられ、医療機関や療育施設が紹介されたり、母親がそれに過剰反応することにも起因している。坂爪（2012）は、発達障害増

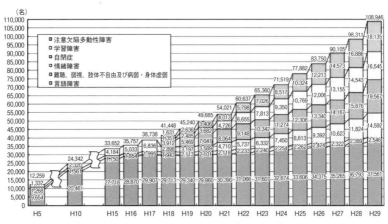

図7-2-1　通級による指導を受けている児童生徒数の推移
（障害種別／公立小・中学校合計）

（出所：文部科学省）

加の社会環境の変化の視点から「発達障害のある子どもの存在が社会に啓発され、発達障害の知識が社会に普及したことに伴い、発達障害のある子どもの受け入れが、以前に比べて社会（家庭や学校など）に広がった」としている。いずれにしても診断するのは医師であり、慎重な対応が求められる。

第3節　社会福祉施設

「小学校及び中学校の教諭の普通免許状授与に係る教育職員免許法の特例等に関する法律等の施行について」では、介護等の体験の実施施設は、「法第二条において社会福祉施設その他の施設で文部大臣が厚生大臣と協議して定めることとされている受入施設は、次に掲げるものとすること。（省令第二条関係）」と規定されている。

①児童福祉法に規定する乳児院、母子生活支援施設、児童養護施設、精神薄弱児施設、精神薄弱児通園施設、盲ろうあ児施設、肢体不自由児施設、重症心身障害児施設、情緒障害児短期治療施設及び児童自立支援施設。

②身体障害者福祉法に規定する身体障害者更生施設、身体障害者療護施設及び身体障害者授産施設。

③精神保健及び精神障害者福祉に関する法律に規定する精神障害者生活訓練施設、精神障害者授産施設及び精神障害者福祉工場。

④生活保護法に規定する救護施設、更生施設及び授産施設。

⑤社会福祉事業法に規定する授産施設。

⑥精神薄弱者福祉法に規定する精神薄弱者更生施設及び精神薄弱者授産施設。

⑦老人福祉法に規定する老人デイサービスセンター、老人短期入所施設、養護老人ホーム及び特別養護老人ホーム。

⑧心身障害者福祉協会法第一七条第一項第一号に規定する福祉施設。

⑨老人保健法に規定する老人保健施設。

⑩前九号に掲げる施設に準ずる施設として文部大臣が認める施設。

　福祉施設の実習受け入れ調整に関しては社会福祉協議会が行っているが、筆者の大学ではここ数年は高齢者施設に偏っているのが現状である。実習内容は実習先によって多少異なるが、主には「話し相手」が主流であり、施設指導員の補助として実習を行うところが多いようである。「話し相手」では、人生の先輩として高齢者のプライドを傷つけないよう言葉遣い、態度が重要となる。あくまでも「教師を目指す」ということが目的の実習のため、人間理解に重きを置き、コミュニケーションを学ぶことが中心となる。高齢者施設では、介護職を目指す学生とは異なるので、入浴介助や食事介助などは行わない施設が多いようである。高齢者施設においては、話し相手とは言え、転倒による怪我が原因で寝たきりになるなど致命的になる場合もあるため、介助には細心の注意を払わなければならない。また、認知症の理解も必要となるため、事前学習が欠かせない。

第4節　介護体験実習の履修

　筆者が担当する介護等体験実習は、7日間の実習、事前事後の指導を含め、通年科目（2単位）として立てられている。1年間じっくりと時間をかけて課題に取り組み、単位認定することになっている。実習に必要な最低限の知識とマナーを前提に授業を行っている。特別支援学校の退職教員を招いた講義およびディスカッションや学生が企画運営を行う静岡県ことばと心を育む会との共同授業を開催するなど、アクティブラーニング型の授業を多く取り入れている。

　また、徹底した事前事後指導を授業に組み込んでいる。事前指導においては、「教員になるためになぜ介護等体験実習が必要なのか」を明確に意識づけをする必要がある。こうした動機付けがなければ、「教師になるのだから、福祉や障がいは関係ない」、「証明さえもらえればいい」という安易な気持ちで実習に臨むことになる。これらの意識付けは、グループディスカッションを用いた学習を取り入れており、実習前の意識の共有を図るために有効である。

　実習前の講義では、実習する学校・施設の種別や障がいについての理解といった基本的知識と実習の心構えや準備等の具体的な確認を行っていくことになる。一方的な知識の詰め込みではなく、学生自身が実習の対象となる障がいや施設について調べ、発表する、それらをもとにディスカッションをするという方法をとっている。

　また、近年はSNSなどに個人情報を掲載して問題となるケースが多発しているため、実習時の個人情報の扱いについては、事前指導でしっかり指導する必要がある。

①介護等体験実習ガイダンス

　実際の履修登録は4月に行うことになるが、ガイダンスは前年度に実施されることになる。既に受入先の書類提出が3月から始まるため、履修前にガイダンスを行うことになる。なお、介護等体験実習に必要な実習費は地域で若干異なっている。静岡県においては1日2,000円、5日

間で10,000円である。

　筆者の勤務する大学は、静岡県介護等体験実習実施連絡協議会に平成18年度から加盟している。この連絡協議会は、静岡県内の教職課程を持つ12大学（18学部）と受入関係団体、県教育委員会、県社会福祉協議会が加盟（令和2年度現在）している。特別支援学校のコーディネートは、県教育委員会が行い　福祉施設等は県社会福祉協議会が行っている。

②挨拶、身だしなみ

　教師である前に、挨拶は人間としてあたりまえの基本的行為である。他者とのコミュニケーションは挨拶から始まる。挨拶ができない人は元来、対人援助の仕事には向かないと考える。身だしなみは言うまでもなく、教員としてふさわしい服装を心がけてほしい。ファッションは自己表現の一つであるが、実習中はあくまでも実習生としてふさわしい服装を心がけてほしい。また、実習のみならず教師となることを意識した言動、服装を日常から意識するよう指導している。

③実習先とのファーストコンタクト

　実習先、日程が決定すると実習生は、1ヶ月前をめどに実習先とコンタクトを取る。施設によっては事前ガイダンスを実施する施設もあるため、1ヶ月前のファーストコンタクトで確認が必要となる。受け入れ先の実習担当者と適切な調整を行ってくるように事前指導で確認する。実習は限られた期間であるが、このファーストコンタクトから既に実習は始まっているという意識が重要である。

④健康診断

　介護等体験実習では健康診断書の提出が義務付けられる。実習する施設によっては細菌検査や血液検査等を要求される場合もある。高齢者施設ではインフルエンザなど流行性の疾患は特に気をつけなければならない。いずれにしても実習先との調整の際に確認し、しっかり自己管理をして準備する必要がある。筆者の大学では実習2週間前から健康チェック表の記入が義務付けられており、実習前日に大学で確認し実習に出すようにしている。

⑤実習ノート

　大学指定の実習ノートを持参し、毎日指導を受けることになる。誤字脱字はもちろんのことであるが、個人のプライバシーに配慮し、記録をつける必要がある。実習ノートは最終的には評価につながることになるので、丁寧かつ簡潔な内容に仕上げるようにしなければならない。

　事後指導では、介護等体験実習を体験することでどのようなことを学んだのか、そのふりかえりをする作業が事後指導となる。実際に体験したことを言語化することは、体験をより鮮明なものとし、将来の教師を目指していくために重要なことである。

⑥実習後のレポート作成

　実習後1週間以内にレポートを提出するよう義務づけている。体験を鮮明に残すためには新しい記憶のあるうちに文字にすることが重要である。

⑦お礼状の作成

　お世話になった学校及び施設へのお礼状の書き方も含めて事後指導とする。お礼状は大人としての基本的な最低限のマナーであり、自分自身の言葉でこころのこもったお礼状を書くよう指導している。

⑧実習報告会

　特別支援学校、福祉施設の実習の終了後、実習報告会を開催し、体験の共有を行う。また次年度実習を行う予定の3年生にも実習報告会の参加を促している。

第5節　介護等体験実習の評価

　介護等体験実習の最終的な評価は、特別支援学校および福祉施設から出される証明書が出されるかどうかが最終的な評価となる。しかしながら、介護等体験実習への取り組み意欲や教員を志すにあたっての基本的な態度が定まっていない場合は実習を中止しなければならないこともあり得る。

　また、実習受入先から教員になるには著しい問題があるとみなされる

場合は、証明書が出ず、教員免許状が取得できないこともある。実習中の遅刻、無断早退、無断欠席、実習にふさわしくない服装、言動など、教師となる適性がないとみなされれば実習が中止されることも認識しておかなければならない。実習中止は様々なケースがあるが、授業内において具体的な事例を提示し、意識の共有を図っている。

第6節　教職を志す学生のためのボランティア活動

教員養成課程におけるボランティア活動について、最も重要視されている答申の一つに、「今後の教員養成免許制度の在り方について（答申）」(2006) がある。この答申では、「現在、教員には、これまで以上に広く豊かな教養が求められていることを踏まえ、体験活動やボランティア活動、インターンシップ等の充実や、自然科学や人文科学、社会科学等の高度な教養教育の実施、子どもが生きる地域社会の実態を把握する力や、教材解釈力の育成等に留意することが必要である」と記されている。更に、「教職生活の全体を通じた教員の資質能力の総合的な向上方策について（審議のまとめ）」(2012) においても「教育委員会・学校と大学との連携・協働」が強調されている。すなわち、教員養成課程におけるボランティア活動は、教育現場の体験機会を増やす、生徒、児童の指導にかかわる機会を増やすという目的と教員としての資質能力の形成という2つの目的を実現するために重要視されていると言える。

筆者は、教職課程を履修する学生に学校現場での積極的なボランティア活動を推進している。例えば、神戸市教育委員会が行っている「学生スクールサポーター制度」や静岡県教育委員会が行う「大学生等による部活動支援ボランティア」など、教育委員会が主体となって推進するものや、大学のボランティアセンターや教職センターなどに依頼が入る、学習ボランティア、託児ボランティア、夏祭り、バザーなどのイベントボランティアなど、学生自身が機会を求めれば実習以外に学生が学校に入って活動する機会は多く提供できる環境は整ってきている。

[事例（こどもの笑顔をまもろーる）]

　近隣の小学校で警察官に同行して実施した防犯教室のサポートボラン
ティアをきっかけにして、下校の見守りボランティアを学生ボランティ
ア団体が企画したことから活動が始まった。学生たちは「こどもの笑顔
をまもる」と「パトロール」をかけあわせ、「まもろーる」という造語
をつくった。

　A小学校は、全校生徒140名、教職員18名の自然に恵まれた小さな小
学校である。平成18年に近隣B小学校が廃校となり、統廃合されたため、
校区が広範囲となり、片道40分以上かけて山道を登下校する児童や一部
バス通学する児童もいる。通学路の一部は田園風景が続き、児童が一人
で歩くには不安な通学路となっている。また、通学路では不審者情報や
交通量の多い道路も報告されており、児童の下校を見守るボランティア
の役割が期待されている。さらに登下校時に災害が発生した場合、場所
によっては土砂災害や液状化の危険性があり、児童が一人で行動しなけ
ればならないことも想定しておかなければならない。そのため、大学生
が定期的に児童の下校に寄り添うボランティア活動は、児童の安全とい
う視点と教職課程で学ぶ学生にとっては学校現場における安全教育の現
場を学ぶという視点で双方にとってメリットのある活動である。

　「これからの学校教育を担う教員の資質能力の向上について」〜学び
合い、高め合う教員育成コミュニティの構築に向けて〜（2015）では、
教職課程におけるインターンシップが導入された。これからの教育を担
う学生たちを養成していくためには、教育実習以外の機会に学生が積極
的に学校現場に入る機会の提供が必要であり、大学は学生の活動を支援
するよう体制を整えていくことが重要となる。

文献

現代教師養成研究会編（2006）『教師をめざす人の介護等体験ハンドブック』改
　　定版　大修館書店.
坂爪一幸（2012）発達障害の増加と懸念される原因についての一考察　−診断、
　　社会受容、あるいは胎児環境の変化、早稲田教育評論第26巻第1号　pp21-31.

「これからの学校教育を担う教員の資質能力の向上について」〜学び合い、高め合う教員育成コミュニティの構築に向けて〜（2015）

https://www.mext.go.jp/b_menu/shingi/chukyo/chukyo0/toushin/1365665.htm（2020年4月10日参照）

◎執筆者紹介

前林清和（まえばやし・きよかず）　編者
　　神戸学院大学現代社会学部　教授
　　大阪体育大学学生相談室心理カウンセラー　博士（文学）
　　　担当：第2章、第3章第1節

木村佐枝子（きむら・さえこ）
　　常葉大学健康プロデュース学部　教授
　　臨床心理教育実践センター指導相談員　博士（人間文化学）
　　　担当：第6章、第7章

黒崎優美（くろさき・ひろみ）
　　神戸松蔭女子学院大学人間科学部　准教授　博士（人間文化学）
　　　担当：第1章、第3章第2節、第3節

荒屋昌弘（あらや・まさひろ）
　　大阪人間科学大学心理学部　助教　修士（人間科学）
　　　担当：第3章第4節、第5章

西山亮二（にしやま・りょうじ）
　　名城大学人間学部　准教授　博士（心理学）
　　　担当：第4章

教師を目指す人のためのカウンセリング・マインド

2016年4月25日　初版第1刷発行
2022年4月30日　初版第3刷発行

編　者　前林　清和

発行者　杉田　啓三

〒607-8494　京都市山科区日ノ岡堤谷町3-1
発行所　株式会社 昭和堂
振替口座　01060-5-9347
TEL（075）502-7500　FAX（075）502-7501

印刷　亜細亜印刷